SDGs Story



Housing Tribune 別冊

# ミライのくらし読本

CONTENTS

炭火でチョコレートを作りカカオ農家で働く人たちにふるまう田口さん

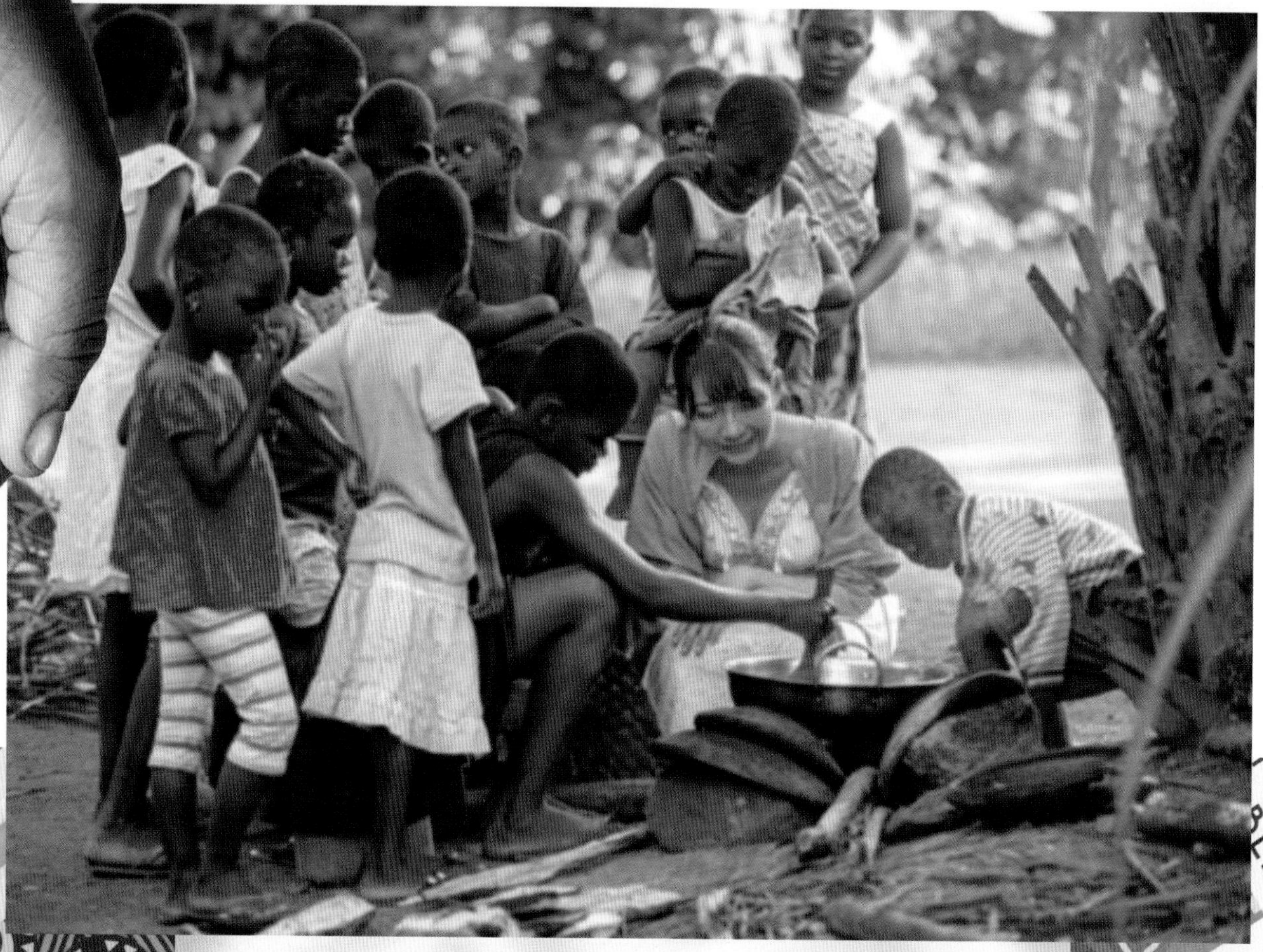

SDGs story

# 「やりたいこと」から「やれない理由」を引いてみる。それが行動の大きさになる。

## 笑顔の連鎖を生み出すカカオ革命

ガーナの高品質のカカオにこだわったチョコレートブランド「MAAHA CHOCOLATE」。このブランドの創設者である田口愛さんは、“チョコ好きの大学生”という立場でガーナの政府機関との交渉を行い、現地に工場まで建設してしまった。大好きなチョコに関わる人を笑顔にしたいという想いからスタートしたカカオ革命は、あらゆる境界線を溶かしながら笑顔の連鎖を生み出そうとしている。

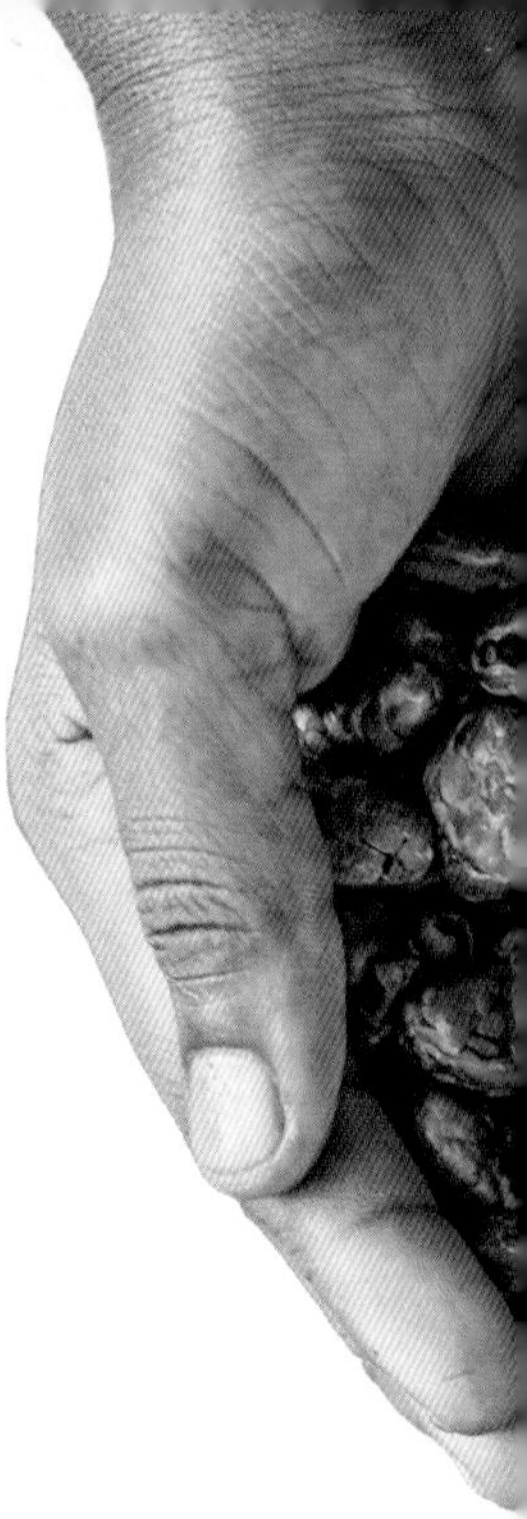

## 元気をくれる宝石のような銀色の包み紙

ガーナの小さなチョコ工場から誕生した境界線を溶かすチョコレート。MAAHA CHOCOLATEをめぐる物語は、岡山の少女の話からはじまる。

MAAHA CHOCOLATEを創設した田口愛さん。彼女とチョコレートの出会いは、名古屋に住むひいおじいちゃんからもらった金色の包み紙のチョコレート「ポーム・ダムール」。

ひいおじいちゃんの家に行く度に、「よく来たね」と金色の包み紙のチョコレートを手渡された。「見た目は宝石のようで、食べると不思議と元気になる。不思議な食べ物だなと感動しました」と当時を振り返る田口さん。

そこから田口さんのチョコレート愛は深まっていく。お小遣いを貯めてはスーパーなどでチョコレートを購入。テストや発表会の前など、「ここぞ」という時には必ずチョコレートを食べた。「大切な瞬間にはいつもチョコレートがありました」という田口さんの言葉は、どんな広告のキャッチコピーよりも説得力がある。

田口さんの家では、生産者の顔が見える野菜などを購入することが多かったそうだ。「この人が育てた野菜なのか」と思いを馳せながら野菜を食べていたという。そこで疑問が頭によぎる。チョコレートはどんな人が作っているのだろう―。家族に聞いても分からない。それならばと自分で調べることに。

日本に輸入されているカカオの8割がガーナ産であることが分かった。まだ見ぬガーナという国。大好きなチョコレートの原料となるカカオをたくさん作っている遠いアフリカの国。想いは広がっていく。

## 19歳の決心<br>自分が好きな道を行く

チョコレートへの想いを抱えたまま19歳になった田口さん。長年の想いを行動へと移す。夏休みを利用し、2カ月にわたりガーナに行く決心をする。

「二度受験に失敗し、結局は第二志望の大学に行くことになりました。周りの同級生は期待に胸を膨らませて輝いていました。私は『数学で点数を稼がなきゃ』といったことばかり考えていました」。

子供の頃の田口さんは、どちらかと言うと隅っこで本を読むのが好きだったという。中学、高校と勉強に励み、「資格をとってどこでも一人で生きていけるようになりなさい」というお母さんの言葉を実践しようとがんばっていたそうだ。しかし、大学に入り、周りの同級生を見る中で、「社会的に正しい道ではなく、自分が好きな道を行きたい」と強く思うようになる。

自分が好きなものは…。それは食べること。美味しいものを食べて、誰もが笑顔になる瞬間。そして、その料理を作ってくれた人、さらには野菜などの材料を育てた人にまで想いを膨らませていく時―。

それこそが田口さんの好きなものだった。そして、食べ物のなかでも、田口さんが一番幸せになるもの。それがチョコレート。

決心してからの田口さんの行動は素早い。隅っこで本を読んでいることが好きだったとは信じられないほど。ガーナのことを調べ、アフリカ関連のイベントなどにも積極的に参加した。

チョコレートを食べる人だけでなく、その原料となるカカオを生産する人々も笑顔にする。それが田口さんが掲げたミッション

## 膨らむモヤモヤを行動に変えていく

ガーナのことについて深く知るなかで、モヤモヤした感じもあったそうだ。ガーナのカカオ農園では、児童労働が行われており、貧困問題も深刻化している。「もうチョコレートを食べるべきではないのかな」。そう思うこともあった。しかし、「私一人がやめたところで世界は変わらない。ガーナの人たちを笑顔にするためにやれることがあるのではないか」と田口さんは思いなおす。

そうした想いを抱えながらスタートした19歳の大冒険。タイからエチオピアを経由し、ガーナへ。日本を出発してから2日間を要した。

ガーナに到着して驚かされたのは街の活気。路上で陽気に歌う若者には、貧困問題で悩む悲壮感はまったくない。やはり自分の目で見ないと分からないことがある。

実は田口さん、ガーナに向かう前に現地のNGOに連絡し、カカオ農園を紹介してもらうことになっていたそうだ。ところが、突然、そのNGOとの連絡が途絶える。NGOから宿泊場所も提供してもらうことになっていた。日本へ帰るためのエアチケットは2カ月後しか使えない。

初めてのガーナ。しかも一人旅。普通ならここでへこたれそうだが、田口さんのチョコレート愛は、そのくらいでは萎まない。現地の日本人などを頼りにしながら、なんとか宿泊場所を確保し、カカオ農園にも行けることに。

農園を訪れた田口さんを見る人達の目は、宇宙人を見るようだったという。なぜ、ここに日本人が…。

田口さんは「チョコレートが好きだから来ました」と真正面から伝えた。ところが反応は鈍い。よくよく話を聞くと、チョコレートは知っているが、食べたことはないという。高価すぎて農園で働く人たちとっては身近な食べ物ではないのだ。

そこで田口さんは、YouTubeで「カカオ　チョコ　作り方」と検索。手作りのチョコレートづくりに挑む。もちろん日本でも作ったことはない。初めてのチャレンジ。しかもオーブンはなく、炭火での調理。

完成したチョコレートは、決して〝上出来〟と言えるものではなかった。甘さも足りない。しかし、農園の方々は喜んだ。「今まで食べたもののなかで一番美味しい」という声も挙がった。そして、誰もが笑顔になっていた。田口さんが一番大好きな瞬間である。

笑顔を目にした田口さんのモヤモヤは行動へ変わる。何もない私でも誰かを笑顔にできる—。

日本に帰国する時、「アイがいないと、もうチョコレートが食べられない」と寂しがる人々に田口さんは約束する。「私がいなくてもチョコレートを食べられるようにする」と。具体的な計画も、確固たる根拠も、お金もない。しかし冒険はまだまだ終わらない。

ガーナのカカオ豆。高品質なものを厳選することで付加価値を付与することにも挑んでいる

ガーナでチョコレートを生産することで、産業と仕事を生み出すことを目指している

## 肩書は「チョコ好きの大学生」政府機関との交渉に挑む

帰国した田口さんは考えた。どうすればガーナの人達を笑顔にできるのか―。ガーナの人々は、産業と仕事がないことに困っていた。それなら、ガーナの高品質のカカオを使い現地でチョコレートを製造して売ればいいのでは。そのためには、現地に工場を建設し、ショコラティエを育成する必要がある。やるべきことは決まった。そこから田口さんは勢力的に動く。

日本のショコラティエを訪問し、チョコレートづくりを教えてもらい、カカオからチョコレートを作るワークショップも開催。ワークショップを通じてガーナのことも知ってもらった。

ワークショップなどで得た資金で、ガーナに行き、小さな工房も建設。ついにはガーナ政府の機関との交渉に挑む。

ガーナのカカオ豆は、COCO BOARDというガーナ政府の機関がコントロールしている。COCO BOARDは、農家からカカオを買い取り、販売する。買い取り価格は、重さで均一的に決まる。どんなに高品質のカカオであっても、同じ値段で取引きされてしまうのだ。

結果として、ガーナ産のカカオ豆の評価は下がる。販売価格が下がれば、農家の収入も減る。例えばカカオが100円で売れても、農家が手にする収益は1〜2円。販売価格の低下は、農家の家計をさらに圧迫していく。

田口さんも日本のショコラティエにガーナ産のカカオの評価を聞いたが、あまり良い話は聞かなかったそうだ。

そこで田口さんが行動する。COCO BOARDに出向き、高品質のカカオ豆だけを厳選して、付加価値を付けた値段で販売することを提案。当時の田口さんの肩書は、〝チョコ好きの大学生〟。当然ながら門前払いということも。

「このドアがダメなら、違うドアをノックしてみようという感じで、不思議と足は止まりませんでした」という田口さん。最終的にはCOCO BOARDの説得に成功する。

田口さんは語る。「『私はガーナのカカオが世界で一番素晴らしいと思っている。だから評価が低いことが悔しい』ということを伝えました。相手のやっていることを否定するのではなく、まずはリスペクトする。そのことが大事だと学びました。そのことがよかったのかもしれません。あとはガーナのカカオの値段が下がっていることにCOCO BOARDの方々も危機感を持っていたので、何も利害関係がない私の話に耳を傾けてくれたのではないでしょうか」。

## コロナ禍で知った 誰かに頼る勇気

持ち前の行動力で想いを形にしていった田口さんだが、はやり病による世界的なパンデミックで停滞を余儀なくされる。コロナ禍によってガーナに行くことだけでなく、日本でのワークショップの開催も難しくなる。違う道に進む仲間達も多くなり、気が付けば一人に。さすがに少し弱気になることもあったという。しかし、ガーナの方々の笑顔が忘れられない。

何かやれることはあるはず。SNSなどを通じた情報発信に力を入れはじめると、少しずつ協力してくれる仲間が増えはじめた。

「それまでは一人で走っている感じでしたが、誰かに頼ることの大切さを知りました」という田口さんが次に行ったのが、クラウドファンディング。ガーナでの工場建設のための資金調達に乗り出したのだ。

このことをきっかけに好循環が生まれる。クラウドファンディングに参加してくれた人のためにガーナのカカオでチョコレートを作った。それをリターンの品として贈ると、そのなかに西武百貨店のバイヤーがいたのだ。「次のバレンタインに西武百貨店で売りたい」というオファーが舞い込む。

悩んだが「これはチャンス」とパッケージのデザインや製造場所の確保を進めた。評判は上々で、今ではオンラインショップでも入荷待ちの状態が続くほど。

ガーナの工場も完成した。「ようやくビジネスらしくなってきました。最近、お金の計算もするようになりましたよ」と笑う田口さん。その行動力の源泉はどこにあるのだろう。

ガーナの高品質のカカオにこだわったチョコレートのブランド「MAAHA CHOCOLATE」

## 同情だけではSDGsは達成できない

「私の場合、単純にやりたいから行動したという感じなので、『どこから行動力がわいてくるのか』と質問されると困ります。ただ、少し思うのは、誰もが『やれない』と思っていることが、本当にやれないのかということは意識しています」。

　田口さんは、「やりたいこと」から「やれない理由」を引いた結果が行動の大きさになると考えているそうだ。「やれない理由」を排除していけば、自ずと行動は大きくなっていく。

「やれない理由」を排除する上で、事前に調べることも大事だという。実際に経験した人の話を聞いたり、本を読んだりすることで、漠然とした不安や怖さは小さくなっていく。初めてガーナに行く前の田口さんがそうであったように。

　田口さんに消費者としての視点についても聞いてみた。「正直に言うと、私自身もどこまで深く考えて消費しているのかと言われると、怪しい部分もあります。例えばフェアトレードのコーヒーがあれば、初めの何回は買うかもしれない。しかし、味が同じで値段が安いものがあれば、そちらを買うことが増えていくかも…」と語った後に、「同情だけでSDGsは達成できないと思います」と力強い答えが返ってきた。

「私はガーナの方々が大好きですし、たくましくカッコいいと思っているからこそ、一緒に何かをしたいと思えるのだと思います。また、ブランドを運営している立場としては、他の商品に負けない品質を確保しつつ、そういったガーナの方々のカッコよさも発信していきたいと考えています。そうすれば、もっと前向きの応援というものが増えるのではないかと期待しています」。

　大好きなモノ。その先へと想いを馳せた時に、誰かの笑顔が曇っていたとしたら、我々はどうしたらいいのだろう。世界を見渡せば、そういう状況は想像以上に多く、絶望することさえある。

絶望する必要はない。できない理由を探している時間もない。小さなことでもいいから一歩を踏み出せば、笑顔の連鎖を作り出す革命は起こせるはず—。

　自らの行動でそのことを示す田口さん。チョコ好きの少女からはじまった物語は、まだまだ最終章を迎えそうにない。

### *Profile*

**田口 愛（たぐち・あい）**

1998 年、岡山県生まれ。国際基督教大学出身。19 歳の時にガーナを訪れたのをきっかけに、チョコレートビジネスの道に。2020 年、Mpraeso 合同会社を設立。2021 年にはチョコレートのブランド「MAAHA CHOCOLATE」を立ち上げる。同年にはニューズウィーク日本版の「世界に貢献する日本人 30 人」に選ばれている。

SDGs story

# 気付いたからには無視できない。その想いがやれることを広げていく。

## 誰かの「ひとしずく」が世界を変える

ボーダレス・ジャパンが地球温暖化の解決に向けてスタートさせた電力サービス。それがハチドリ電力だ。代表の小野悠希さんは、学生時代にミャンマーとバングラデシュでソーシャルビジネスの現場を経験し、自らの行動を決める基準が変わったと話す。「なぜ、やるのか。誰のためにやるのか」。この行動基準に従い、ゼロ状態から電力サービス事業という、第三者から見れば「途方もない」と尻込みしてしまいそうなチャレンジをスタートさせた。

SAVE EARTH ハチドリ電力

## なぜ、やるのか、誰のためにやるのか
## 海外の社会問題に直面し変わった行動基準

ソーシャルビジネスで世界を変える。ボーダレス・ジャパンでは、世界15カ国で貧困、差別・偏見、環境問題などのソーシャルビジネスに取り組んでいる。メンバー自らが起業家となり、様々な事業を展開しており、社会問題をビジネスで解決するための挑戦を続けている。現時点では49名が会社を立ち上げ、社長としてソーシャルビジネスを行っているという。

その一人が小野悠希さん。もともと社会問題に興味があったわけではなかったという小野さん。当然ながらソーシャルビジネスの存在もほとんど知らなかった。

大学生になり、「行動力だけはあった」という小野さんは、自分が「面白そう」と感じたことに関わっていく。インターンシップにも積極的に参加し、人脈と見聞を広げていく日々。そんな日々のなかで、インターンシップ先でボーダレス・ジャパン内定者の先輩に出会う。

小野さんもバックパックを担いで海外旅行をするのが好きだったので、その先輩がミャンマーとバングラデシュでボーダレス・ジャパンの活動に参加するという話を聞き、一緒に行くことに。

多民族国家であるミャンマーは、建国以来、少数民族と国軍との紛争が長く続いてきた。その影響もあり農村部の発展は遅れ、生活のために必要な物資も高価で充分に買えない状況。そこで、ボーダレス・ジャパンのメンバーが、流通コストが高く買えない人のために流通コストを下げる物流サービスを行っていた。その様子を見た小野さんは、初めて社会問題に直面する。

しかも、ミャンマーで事業を行っているのは、自分とあまり年齢が変わらない日本人女性。人生をかけてミャンマーの社会を変えようとする女性を単純に「カッコいいなー」と思ったそうだ。その後、バングラデシュでの活動にも参加し、帰国した。

日本に帰国し自分が所属するコミュニティに戻った時、自分の変化に気づきはじめる。

「色々なコミュニティに首を突っ込んでいたので、『これ、一緒にやらない』といった誘いを受ける機会が多かったのですが、それまでは『面白そう』と直感的に思えば誘いにのっていましたが、ソーシャルビジネスの現場を経験してからは、『なぜ、やるのか。誰のためにやるのか』ということを自然と考えるようになっていました」（小野さん）。

そこからは、「なぜ、やるのか。誰のためにやるのか」ということがはっきりしないと、行動に移さないというふうに変わっていったそうだ。

何らかの仕事をしていると、「何のために、誰のためにこの仕事をしているのか」ということが見えなくなることが多々ある。その想いにフタをしてしまうことも少なくない。なぜ、小野さんはフタをすることなく、自らの行動基準を変えることができたのだろう。

そのことを小野さんに聞くと、「正直、自分でも分かりません。ただ、すごく覚悟を決めてという感じではなく、自然な流れでそうなりました。私は冗談で『ソーシャルビジネスの呪い』と呼んでいるのですが（笑）、社会が多くの深刻な問題を抱えているということに気付いてしまったからには無視できないという感覚でした」という答えが返ってきた。

小野さんは大学に入った時、将来は広告業界で仕事がしたいと思っていたそうだ。しかし、気付いてしまった。自分がやりたいこととは別の側面を社会が抱えていることを。

気付いたからには無視できない。小野さんはソーシャルビジネスへと、本格的に足を踏み入れていく。

ボーダレス・ジャパンに入社後、ミャンマーに赴任した小野さん（写真中央下段）

## ハチドリ電力の仕組み

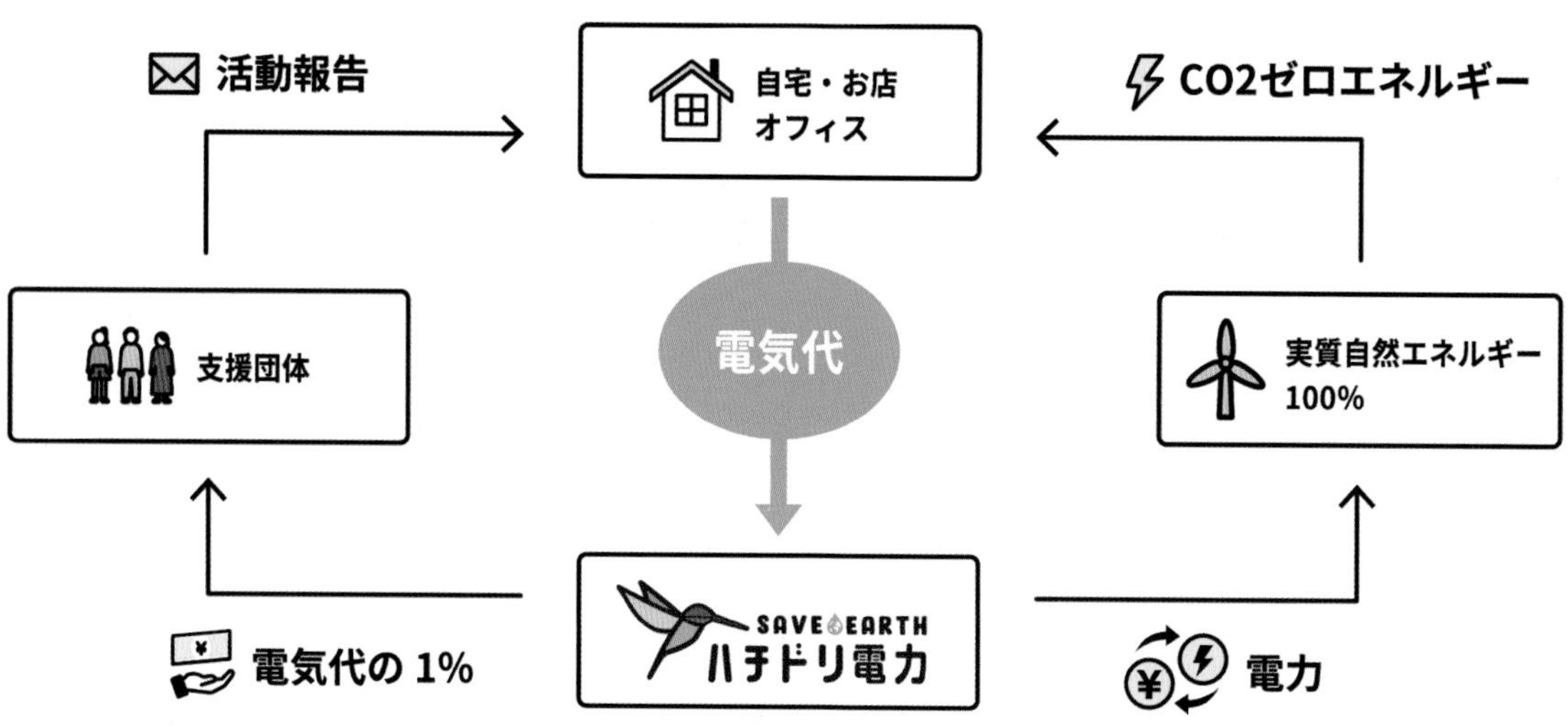


### ミャンマーで痛感した何もできない自分 1年で帰国の途へ

そうは言っても不安もある。自分の人生をかけてソーシャルビジネスに携わることはできるのか。その不安を解消するために、ソーシャルビジネスを行う様々な企業のインターンシップを経験した。いくつかの企業で経験を積むなかで不安は消え、ソーシャルビジネスの道を進むことが、小野さんにとって必然になっていく。

小野さんは言う。「ソーシャルビジネスに対して大きな壁があるような印象はありませんでした。恐らく、自分と同じような年齢の方々がソーシャルビジネスをやっている姿を見る機会が多かったので、身近にロールモデルがいたからではないでしょうか」。

大学を卒業した小野さんは、ボーダレス・ジャパンに入社。入社するとすぐにミャンマーへ赴任する。自ら志願しての赴任。現地で小規模な農家を支援する事業に従事することになった。ボーダレス・ジャパングループ内の一社であるボーダレス・リンクでは、貧困で子どもに就学機会さえも与えられない農村部の小規模農家に対して、「選択」と「誇り」をもたらすための事業を行っている。農業に必要な資材、情報、資金、市場を農村部で提供するアグリセンターを運営しており、低利子無担保のマイクロファイナンスなども実施している。

入社してすぐにこの事業に従事することになった小野さん。さすがに落ち込むことも多かった。

「今思えば当たり前ですが、最初は何もできずに落ち込んでいました。学生の頃はどちらかと言うと自己肯定感が強いタイプだったのですが、何もできない自分を初めて経験しました。でも、ここで変なプライドを取り除けたのは良かったです。泥臭く、地道にやることの大切さも知りましたから」。

小野さんがミャンマーに行った時は今から事業を本格的に立ち上げようというタイミング。現地の農家と話をして、困りごとなどをヒアリングし、それを事業プランに落とし込んでいくという作業を行っているところだった。小野さんも農家を訪問し、時には農作業を手伝いながらコミュニケーションを深めていく。

小野さんが出会ったミャンマーの人たちは純粋で頑張り屋ばかり。高利の借金をして農家を営む人も多く、貧困の悪循環に陥っていた。こうした状況に対して、小野さん達はあくまでも「パートナー」として、サービスを利用してもらい、貧困の悪循環から抜け出すことを提案していく。口コミでサービスは広がり、農家の方々からも喜ばれたそうだ。

にも関わらず小野さんは1年でミャンマーを後にする。

「仕事は面白かったのですが、生活が合いませんでした。そのうち、家族や大事な人たちと時間を共にしながら、日本で社会問題を解決できる事業をしたいという想いが強まってきました」。

そのことをボーダレス・ジャパンの社長である田口一成さんに相談すると、「生活が合わな

ハチドリ電力の
## 3POINT

**POINT 1**

**地球に優しい自然エネルギーを使用**

CO2ゼロ※の自然エネルギーのため、地球温暖化に負担をかけません。

**POINT 2**

**電気代の1%で発電所を増設**

電気代の1%から自然エネルギー発電所を増やすために使われます。

**POINT 3**

**電気代の1%を社会貢献活動に寄付**

電気代の1%があなたの選んだ社会活動に寄付されます。

※ CO2ゼロとはCO2排出係数ゼロのことを指します。再エネ指定の非化石証書購入により実質的に自然エネルギー100%の電気供給を実現します。

いというのであれば一度帰国して次の道を考えてみればいいのではないか」というアドバイスをもらった。

自分に合わないなら他の道を模索してみる。今や普通の仕事であれば当たり前のことだが、ソーシャルビジネスと聞くと、勝手に「多くの我慢を強いられるのかな」とイメージしてしまう。

その点も「ソーシャルビジネスには興味はあるが大変そう」という幻想を抱いてしまう要因なのかもしれない。しかし、小野さんの話を聞く限り、ソーシャルビジネスであっても、理不尽な我慢を強いられるようなことは無いようだ。

「一歩踏み出すことは、それほど難しいわけではありません。私も他のボーダレス・ジャパンのメンバーも、ものすごいスキルがあるわけではなく、実は泥臭くやっている人の方が多いです。社会に対する違和感があるなら、そこを無視せずに行動すれば社会は変わっていくのではないでしょうか」と小野さんは話す。

### 地球環境問題で気付きが ゼロから電力事業スタートへ

帰国した小野さんは、しばらく別の事業を手伝うことに。その期間、自分がやるべき仕事について考えた。小野さんは、起業家コースでボーダレス・ジャパンに入社している。将来的には他のメンバーのように、自ら事業を立ち上げることを目指していた。

自分の人生をかけてできる仕事は何だろう。そう考えている時、グレタ・トゥーンベリさんの存在を知る。スウェーデンの環境活動家の言葉と行動をきっかけに環境問題に関心を持つようになる。

色々と調べるなかで、人間が豊かさを享受するために、100万種もの動植物が絶滅の危機に瀕しているという記事が目に飛び込む。そこで、初めて地球温暖化問題がジブンゴト化したという。

実は小野さん、「人間よりも動物の方が好きです」と断言するほどの動物好き。幼少の頃は獣医か動物園の飼育員になるのが夢だったそうだ。その動物が人間のエゴの犠牲になっていることが、どうしても許せなかったのだ。

人間が原因で温暖化が進行しているのなら、それを止めるのも人間にしかできないはず—。それなら自分でやろう。

「人間のせいで絶滅するかもしれない動植物が存在している。そのことに気付いてしまったからには、避けて通れないと思ってしまいました。しかも、今回の気付きについては、自分も状況の悪化に加担している。もうやるしかないという感じでした」。

では、地球環境問題という大きな課題に対して、何ができるのか。再び田口さんに相談すると、「今なら電力事業が面白いのでは」と思いもよらない提案が。

電力事業と言えば、重厚長大な産業のイメージ。何の経験も知識もない自分ができるのだろうか—。

そこから色々な人に会い話を聞き、資料なども読み漁る日々が続く。

２０１６年４月、電力の小売りが自由化された。それ以降、電力事業をめぐる状況は大きく変わっていた。

新電力事業者が次々と市場に参入し、自ら電力施設を保有することなく電力サービスを提供することが可能になっていったのだ。

しかし、その一方で多くの新規参入者によってレッドオーシャン化していると思いきや、新電力に切り替えた消費者はまだ2割程度であった。この状況であれば私にもできる。小野さんは、自由化以降の状況を知れば知るほど、その想いを強めたという。

## １００%自然エネルギーの新電力 気付いてしまった人を増やすために

そして、ついに「ハチドリ電力」をスタートすることになる。小野さんの打ち立てた事業プランは、$CO_2$排出係数ゼロの自然エネルギー１００%のみを販売するというもの。これまた無謀なチャレンジに映る。「私たちが事業をスタートした当時、自然エネルギー１００%だけを提供するサービスはほとんどありませんでした。無理だよと言われることもありました」。

現在、ハチドリ電力は小売業者としての認可を取得し、太陽光発電で発電した電力を直接仕入れたり、非化石証書付きの電力を市場から調達するという仕組みで事業を展開している。しかも山肌を削って設置したメガソーラーなどの電力は購入しないという徹底ぶり。地球環境のために自然環境を破壊しては意味がないからだ。

電力料金の1%を自然エネルギー基金に、さらに1%を社会活動などに寄付する仕組みも整えた。社会活動への寄付は、ハチドリ電力のユーザーが応援したい活動を選ぶことができる。この点こそがハチドリ電力の大きな特徴になっている。

地球温暖化のために何かを行いたいが、何をやっていいか分からないという人も多いだろう。「気付いてしまった人」の気持ちがなんらかの行動に移るように、そっと背中を押してあげる。その役割もハチドリ電力は担おうとしている。寄付を行った団体などからは、ユーザーに対して報告書などが届くようになっている。

ハチドリ・アカデミーという取り組みをスタートさせている。ハチドリ電力を使っている「ハチドリ会員」のなかには、自らソーシャルビジネスを行うユーザーも多い。こうしたハチドリ会員の話を聞いてもらい、地球温暖化問題以外の部分でもユーザーに「気付き」を提供したい。それが小野さんの考え。

ハチドリ・アカデミーを通じて、自然エネルギーを使うだけでなく、様々な社会問題に気付き、何らかの行動を起こす人を増やしていく―。こういう好循環を小野さんは生み出していきたいのだろう。

かつての小野さんのように、日本でも「気付いてしまった人」は確実に増えているようだ。実際に「（$CO_2$を排出していることを気にせずに）気持ちよく電気を使えます」という声も届いているという。

# 地球温暖化を解決するために

$CO_2$ ゼロの自然エネルギーを
地球温暖化の原因である二酸化炭素。
実は日本のCO2排出量の約4割が「エネルギー」によるものです。
毎日使う電気を変えることは、最もインパクトの大きな温暖化対策です。
いま、私たちにできることを。

# 私は、私にできることをしているだけ

気候変動問題の解消という視点で何らかの事業を行おうとすると、ある種の矛盾をはらむことがある。

例えば、環境性能に優れた住宅を提供することで気候変動問題の解消に貢献しようとすると、「家を建てないのが一番環境に優しいのではないか」という〝そもそも論〟に陥ることがある。電力事業でも同じことが言えるだろう。

「ボーダレス・ジャパンでも、そういう議論になることはあります。ソーシャルビジネスとは言っても、それぞれの事業を継続するには一定の売上を得ることが求められます。どんなに社会に役立つことであっても、利益を確保できなければ事業を継続できませんから。しかし、消費行動を促すことが果たして正義なのか…結論はでませんが、現状の社会問題に対して何らかの行動を起こさなければ社会は変わらないということは間違いありません」。小野さんはこう語ってくれた。

SDGsとは、持続可能な開発目標である。誰も取り残すことなく、持続可能な社会を形成するための目標。

言い換えれば、この世界を取り巻くあらゆる問題にフタをすることなく、その解決を図りながら文明的な発展も目指そうということだろう。そう捉えると、非常に欲張りで、非常に難しいミッションを我々に求めている。

「何もせずにジッとしている方が環境にやさしい」という〝そもそも論〟では、17のゴールには到達できないのだ。

目をそむけたくなるような現実にフタをすることなく、行動する前にあきらめることなく、まずは体を動かしてみる。まさに小野さんのように、「気付いたからには無視できない」という人を増やしていくことが、SDGsを実現する一歩になるのだろう。そして、その一歩が決して難しいものではないことを、小野さんは示してくれている。

ハチドリ電力の名前の由来は、「ハチドリのひとしずく」という南米アンデス地方に伝わるお話。

燃える森から逃げ出す動物たち。クリキンディという名前のハチドリだけは、口ばしで水のしずくを一滴ずつ運び、燃え盛る炎の上に落とす。「そんなことをしても意味がない」という動物たちに、クリキンディは言う。

「私は、私にできることをしているだけ」と。

ミャンマーの農家の方々とコミュニケーションをとりながらサービスの普及を図った

## *Profile*

**小野 悠希（おの・ゆうき）**

1995年兵庫県生まれ。大学2年生の夏休みに東南アジアを訪れたことがきっかけで、ソーシャルビジネスという世界を知る。その後複数の社会的企業でインターンを経験し、2018年に株式会社ボーダレス・ジャパンに入社。BORDERLESS LINK、iloitooの2社での修行期間を経て、地球温暖化のために絶滅する動植物をなくしたいという思いからハチドリ電力の事業を立ち上げ。

# 持続可能な暮らし

2015年9月、ニューヨークで開催された国連持続可能な開発サミットにおいて、「我々の世界を変革する：持続可能な開発のための2030アジェンダ」が全会一致で採択された。このなかで、17のゴールからなる「持続可能な開発目標」が盛り込まれた。これが、Sustainable Development Goals（SDGs）だ。

SDGsは、人間と地球が持続的に繁栄するための行動計画である。17のゴールと169のターゲットで構成されており、地球上の「誰一人取り残さない」ことを誓っている。平和的に、関係者のパートナーシップを醸成しながら、持続可能なミライをつむいでいこうというわけだ。

SDGsが世界的に普及するなかで、旧来型の誰かの犠牲によって成立する経済システムやビジネスモデルではなく、社会課題などを解消しながら利益を得ていく新たな事業形態への移行が強く求められている。

近年、日本企業でもSDGsに関する取り組みに注力し、その内容を広く訴求する動きが目立ってきている。なかでも住宅に関連する企業では、企業規模に関わらず自社の取り組みをホームページなどで発信する動きが活発化している。

住宅は、暮らしを営む基盤であり、なおかつ社会資産としての側面も持っている。また、非常に裾野が広い産業でもあり、

様々な分野の企業への波及効果も大きい。

## 社会課題の解決に役立つ住まいのあり方とは

SDGsの17のゴールのなかには、「ゴール1：貧困をなくそう」というものがある。このゴールについては、あまり住まいと関係ないようだが、ホームレスの方々の社会復帰を手助けする上で、「ハウジング・ファースト」ということが言われる。まずは住居を確保することが、社会復帰を果たすうえでは大切ということだ。

また、住宅建築では多くの木材を使用するが、不法に伐採された木材を使用することで、間接的に途上国の貧困問題を深刻化させている懸念もある。ちなみにクリーンウッド法という法律では、木材関連事業者に対し国が定めた基準に沿った合法木材の確認を行う努力義務を課している。

「ゴール3：すべての人に健康と福祉を」も住宅と深く関係する。住宅で使用されている揮発性の化学物質によって居住者の健康が損なわれてしまうシックハウス問題が注目されたが、最近ではヒートショックなどの問題もクローズアップされている。

ヒートショックとは、急激な血圧の変化によって心臓や血管の疾患が発生するもの。急激な血圧の変化

# 住まいから考えてみよう!

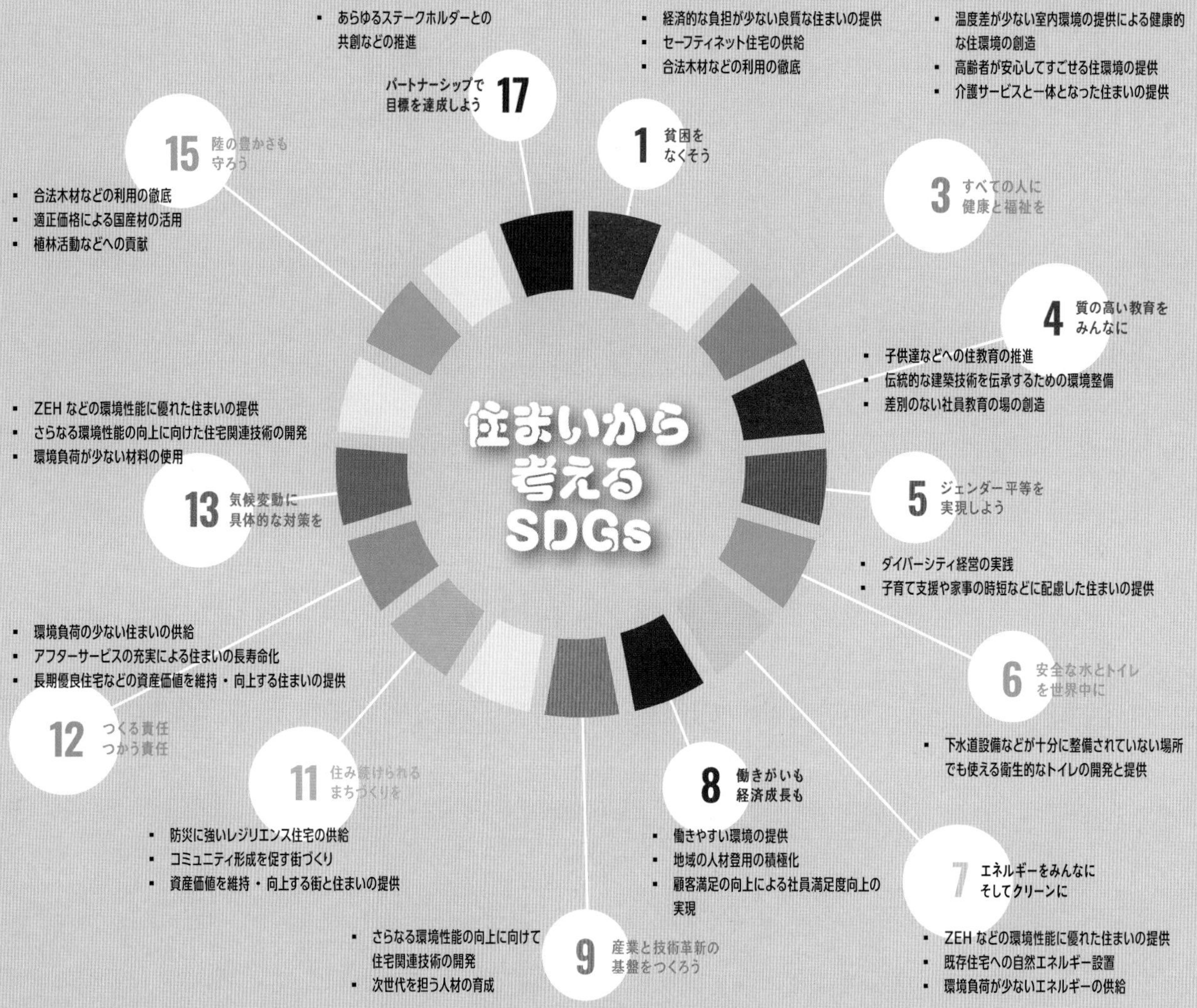
住まいから考えるSDGs
1 貧困をなくそう
・経済的な負担が少ない良質な住まいの提供
・セーフティネット住宅の供給
・合法木材などの利用の徹底
3 すべての人に健康と福祉を
・温度差が少ない室内環境の提供による健康的な住環境の創造
・高齢者が安心してすごせる住環境の提供
・介護サービスと一体となった住まいの提供
4 質の高い教育をみんなに
・子供達などへの住教育の推進
・伝統的な建築技術を伝承するための環境整備
・差別のない社員教育の場の創造
5 ジェンダー平等を実現しよう
・ダイバーシティ経営の実践
・子育て支援や家事の時短などに配慮した住まいの提供
6 安全な水とトイレを世界中に
・下水道設備などが十分に整備されていない場所でも使える衛生的なトイレの開発と提供
7 エネルギーをみんなにそしてクリーンに
・ZEH などの環境性能に優れた住まいの提供
・既存住宅への自然エネルギー設置
・環境負荷が少ないエネルギーの供給
8 働きがいも経済成長も
・働きやすい環境の提供
・地域の人材登用の積極化
・顧客満足の向上による社員満足度向上の実現
9 産業と技術革新の基盤をつくろう
・さらなる環境性能の向上に向けて住宅関連技術の開発
・次世代を担う人材の育成
11 住み続けられるまちづくりを
・防災に強いレジリエンス住宅の供給
・コミュニティ形成を促す街づくり
・資産価値を維持・向上する街と住まいの提供
12 つくる責任つかう責任
・環境負荷の少ない住まいの供給
・アフターサービスの充実による住まいの長寿命化
・長期優良住宅などの資産価値を維持・向上する住まいの提供
13 気候変動に具体的な対策を
・ZEH などの環境性能に優れた住まいの提供
・さらなる環境性能の向上に向けた住宅関連技術の開発
・環境負荷が少ない材料の使用
15 陸の豊かさも守ろう
・合法木材などの利用の徹底
・適正価格による国産材の活用
・植林活動などへの貢献
17 パートナーシップで目標を達成しよう
・あらゆるステークホルダーとの共創などの推進

をもたらす要因のひとつが、室内での温度変化だと言われている。例えば、寒い脱衣室から入浴で急激に温度が変化すると、血圧も急変する。

入浴中の急死者数は年間で約1万9000人もいるという推計もあるが、その多くはヒートショックが原因だという見方もある。

ヒートショックのリスクを軽減するには、住宅の断熱性能などを向上し、温度差が少ない居住環境を創造することが有効とされている。最近では断熱性能が高い住宅に住んでいる人の方が、様々な病気のリスクが軽減されるといった検証結果も明らかになっており、暖かい住まいを提供するということで、居住者の健康維持増進へとつながることが分かってきているのだ。

「ゴール7：エネルギーをみんなにそしてクリーンに」、「ゴール13：気候変動に具体的な対策を」という2つのゴールも住まいと関係が深い。地球温暖化問題の解決に向けて、住宅分野での取り組みがカギを握ると言われているからだ。

産業部門や運輸部門などと比較すると、家庭部門の温暖化対策は遅れている。1人当たりの電化製品の保有台数なども増加する傾向にあり、思うように対策が進展していないのだ。それだけに、住宅の省エネ性能を高めたり、太陽光発電などの自然エネルギーを活用したZEH（ネットゼロエネルギーハウス）を普及させていくことが求められている。

「LCCM住宅」というものも登場してきている。これは、住宅に使用する建材などの製造から運搬、住宅の建築、住宅の使用、さらには解体までの住宅のライフサイクル全般で$CO_2$排出量を収支マイナスにしようという住宅だ。

「ゴール17：陸の豊かさを守ろう」と住まいとの関係も見逃せない。先述したように、住宅建築には多くの木材を使用する。持続可能な森林資源を上手に利用していくことで、陸の豊かさを守ることにつながるのだ。

日本は世界でも有数の森林資源を有している。戦後に植林した樹木が生長し、伐採期を迎えている。樹木は、二酸化炭素を吸収し、酸素をつくりだす。温暖化対策を進めるうえで、非常

## SDGsのゴールと関係が深い住宅業界
## より広い視点での取り組みを

法政大学 デザイン工学部 建築学科
川久保 俊 教授

他の業界と比較すると、住宅業界はSDGsの認知率や普及率が高い状況にあると言えるのではないでしょうか。しかし、住宅関連企業のホームページなどを見る限り、表面的な企業PRにとどまっている印象があることも事実です。

「当社はSDGsの達成に向けて、ゴール○に対しては○○○、ゴール○に対しては○○○という活動に取り組んでいます」といった記載をホームページなどで見かけます。多くはただの取り組みの羅列になっており、どこを目指して取り組んでいるのかはっきりしません。

SDGsは共通言語であり、コミュニケーションツールです。だからこそ単語（ゴール）を紡ぎ、文章（SDGs取り組みストーリー）にすることで、意思の疎通ができるのです。ゴール1から17のうち、取り組めそうなこと、強みにできそうなことをチョイスし、ストーリーにする必要があるのです。

例えば、健康住宅を最大の武器にしている住宅会社であれば、ゴール3(すべての人に健康と福祉を)、11(住み続けられるまちづくりを)、12(つくる責任つかう責任）あたりを前面に出し、「安心して快適、健康的に過ごせる空間づくりのために、自然素材を多く使っている」といったアピールすることが求められます。

また、環境性能に優れた住宅を強みにしている会社であれば、ゴール14（海の豊かさを守ろう）、15（陸の豊かさも守ろう）などに重きを置き、「里山・里海を守りつつ、建設時も含めて生態系を壊さない家づくりを心掛けています」といったより具体的なアピールが必要になるのです。

住宅業界のSDGsの取り組みは、どうしても環境関連のゴールに引っ張られている傾向が見られます。しかし、例えば「子どもがいきいきと学び、成長できる家づくり」はゴール4（質の高い教育をみんなに)、「ご夫婦ともに過ごしやすい家づくり」はゴール5（ジェンダー平等を実現しよう）と関連しています。

住宅業界の事業領域には、SDGsが掲げる17のゴールと密接に関係するものが数多く含まれています。視点を変えれば、自社の取り組みや強みをさまざまなゴールに当てはめることができます。消費者の方々も、広い視点で住宅関連企業の取り組みに注目してみてください。

### *Profile*

**川久保俊（かわくぼ・しゅん）**

2013年に慶應義塾大学大学院 理工学研究科 後期博士課程を修了。2021年4月より現職に。専門は建築／都市のサステナビリティアセスメント。近年はローカルSDGs推進による地域課題の解決に関する研究を進めている。また、SDGsの進化に向けて、建築業界に限らずあらゆる組織・個人のニーズ・シーズのマッチングなどが可能なオンラインプラットフォーム『Platform Clover（プラットフォーム クローバー)』の開発・運営にも携わっている。

に重要な役割を担っている。しかし、伐採期を迎えた樹木は、成長期の樹木と比べると二酸化炭素の吸収量が少ない。

だからこそ、伐採期を迎えた木材を計画的に伐採し、なおかつ伐採後に植林を行うという好循環を作り出すことが求められている。

人の手が入っていない貴重な天然林は保護し、植林による人工林は計画的な伐採と植林によってサステナブルな森林経営を実現していくことが大切なのだ。そのためには、木材を大量に使う住宅分野での取り組みが不可欠である。

ここで紹介した以外にも、17のゴール、さらには169のターゲットのなかには、住まいと関連するものが数多く含まれている。

住まいから持続可能な暮らしを考えてみる―。ミライを次の世代へとつむいでいくためにも、身近な住まいのあり方を考えていく必要があるのではないだろうか。

失われた500兆円問題ー。国土交通省の資料によると、日本では2011年時点で862・1兆円もの住宅投資を行ってきた。しかし、現存する住宅資産額の累計は343・8兆円。その差は約500兆円。500兆円もの投資額が社会資産として蓄積されるのではなく、消滅してしまっているというわけだ。

対してアメリカなどでは、住宅への投資額と現存する住宅の資産額の累計の差はほとんど発生していないと言われる。なぜ、日本だけ住宅資産が積み上がっていかないのか。

戦後の住宅不足の中で、日本ではスクラップ&ビルドが行われてきた。20年、30年という短いサイクルで住宅を建て替えていったのだ。例えば、30年ローンで購入した住宅を30年後に壊して、建て替える。こうした状況を繰り返していれば、当然ながら住宅資産は積み上がっていかない。地球環境問題という点でも改善すべき点が多い。

アメリカなどでは住宅を手入れしながら長く使用する。そして、売却して次の住宅を購入するというサイクルが出来上がっているので、資産価値が積み上がってくというわけだ。

さらに言うと、日本では建物の資産価値は入居後に急激に低下する。売却しても、土地の値段しか認められないということも少なくない。アメリカでは、手入れの具合などによっては、購入した時よりも高く建物の価値が査定されることさえある。こうした建物価値の査定方法も日本の住宅資産が蓄積されない要因のひとつ。

こうした状況に対して、住宅業界でいち早く一石を投じたのが旭化成ホームズだ。

## 築30年以上のヘーベルハウス90％以上がいまだに現役

1972年に創業し、強固なALCパネルを用いたヘーベルハウスを販売してきた旭化成ホームズ。最初に販売したヘーベルハウスから情報を蓄積してきたという。今でも記念すべき1棟目の情報が保管されている。また、築30年以上のヘーベルハウスの90％以上がいまだに現役であるという点も驚きだ。

同社では、1998年に「ロングライフ住宅宣言」を行い、業界に先駆けて50年の長期点検システムを導入。かつて「売り逃げ」と揶揄されることも多かった住宅業界において、「ヘーベルハウスがある限り、一生涯面倒見ます」という姿勢を打ち出した同社の取り組みは、その後の住宅業界に大きな影響を及ぼした。

また、人生100年時代に突入し、医療や研究の進歩で健康寿命が長くなり、それに伴う人生の選択肢も日々多様化している。こうした社会背景を受け、同社では「家のロングライフ」から「人のLONGLIFE」へと戦略の深化を進めている。

具体的には、「いのちを守る」、「暮らしを豊かに」、「人生を支える」という3つのテーマを掲げ、人生100年時代の暮らしを支えるいのち・くらし・人生を支え続けるための商品とサービスを提供しようとしている。

ALL for LONGLIFE

# 人生100年時代「家のロングライフ」から「人のLONGLIFE」へ

住宅業界の中でも、いち早く住宅の長寿命化に注力してきた旭化成ホームズ。
人生100年時代を見据えて、家だけでなく、人のロングライフを支えるための戦略も打ち出しており、
住宅会社としての"作る責任"のあり方を示している。

## いのちを守るトータルレジリエンス

「いのちを守る」というテーマでは、ヘーベルハウスの特徴である地震などの災害に強い構造に加えて、災害時に安心をもたらすサービスを強化している。

ヘーベルハウスでは、ハイパワード制震ALC構造と重鉄・システムラーメン構造という工法を採用しているが、いずれも強靭な耐震性能を備えているだけでなく、制震装置を標準で採用している。制震装置とは、地震の揺れを抑制し建物の被害を最小限に食い止めるものだ。

創業50周年を記念して発売した「HEBEL HAUS RATIUS RD」では、新たに重鉄制震・デュアルテックラーメン構造を開発し導入。強靭な柱と梁で構成される重鉄制震・システムラーメン構造と、地震エネルギーを効果的に減衰することができるハイパワード制震ALC構造を組み合わせることで、耐震性能を損なうことなくダイナミックな居住空間を実現している。

ヘーベルハウスの災害への備えは建物だけに留まらない。「トータルレジリエンス」として、災害時に迅速にヘーベルハウスのオーナーをサポートする体制を構築しているのだ。

2022年にはヘーベルハウスのオーナー専用サイトである「HEBELIAN NET.」で災害時無人対応システム「災害BOT」の提供を開始している。ある一定以上の震度の地震が発生したエリアに居住するオーナーに、地震発生直後と12時間経過後の2回にわたりお見舞いメールを自動で送信する。このメールで自宅周辺の震度や津波情報、ライフラインの復旧・応急方法などの情報をいち早く届ける。

加えて、オーナーから建物の設備の被害状況などの情報を送信してもらい、被害状況に応じて迅速に点検・補修などを行う仕組みも整備している。

さらに、地震発災後、約10分～2時間以内に全国のヘーベルハウス約30万棟の建物損傷予測を行うことができる「LONGLIFE AEDGiS」というシステムも用意している。

同社の点検員が発災後に駆けつけ、建物の被害状況の確認と同時に、保険の手続きのための点検なども行う体制も構築しており、万全の体制で万が一の場合でも素早く安心を提供する仕組みを形にしている。

3つのLIFE－いのち、くらし、人生

いのちを守る
トータルレジリエンス
TOTAL RESILIENCE
地震などの災害に強い構造はもちろん、災害後のサポート体制を充実させ、家族のいのちを守り続ける。
ALL for LONGLIFE
くらしを豊かに
スマート＆ウェルネス
SMART & WELLNESS
健康で快適に暮らせる性能、空間自由度を備える躯体によってライフスタイルの変化に応え続ける。
人生を支える
フューチャーバリュー
FUTURE VALUE
60年にわたる長期的なシステムやメンテナンスプログラムなどにより資産価値を長年にわたり守り続ける。

## いのちを守る

トータルレジリエンス

地震などの災害に強い構造はもちろん、
万が一の災害時は、すばやい復旧対応や保険をはじめとする、
独自のサービスで、大切ないのちを守り続ける。

## くらしを豊かに

スマート&ウェルネス

安心で快適な暮らしを末永く続けていただくために。
断熱性の高い住まいはもちろん、人生100年時代の多様なニーズに
応えるサービスで、くらしを豊かにする。

## スマート&ウェルネスでくらしを豊かに

快適かつ健康的な住空間づくりを推進することで、人生100年時代を豊かに暮らすための生活基盤づくりにも取り組んでいる。

例えば、半世紀を超えて快適な温熱環境を維持する耐久型断熱「ヘーベルシェルタードダブル断熱構法」を採用、将来の脱炭素社会の実現にも貢献する住宅を提供しているほか、2021年度には太陽光発電設備の標準化にも踏み切っている。

2022年度には、ZEH（ネット・ゼロ・エネルギー・ハウス）水準適合確認をスタートさせており、2025年度までにZEH比率を80％にまで引き上げる目標を掲げる。

ちなみに旭化成グループでは、「ヘーベル電気」という電力供給事業も行っており、ヘーベルハウスのオーナーにサービスを提供している。電気料金が割安になるだけでなく、太陽光発電を搭載した住宅であれば、国の固定買取期間が終了する11年目以降の余剰電力を買い取るといったサービスを実施している。

そのほか、高齢期を迎えて不安を抱えながら暮らしているヘーベルハウスオーナーには、サポート付きシニア向け集合住宅「ヘーベルVillage」への住み替えなども提案しているところだ。

将来の経済的な不安を取り除くために、支払額軽減ローンも提供。借入元本の一部を最終回一括払いとすることで、所得の安定しない子育て期のローン返済負担を抑えつつ、リタイア期の状況に合わせた複数の返済方法を設定できるというものだ。最終回一括返済時には、旭化成不動産レジデンスが物件売却の支援をするほか、万一買い手がつかない場合に一括返済元本と同額で買取を保証するといった返済メニューを用意している。

## 人生を支える
フューチャーバリュー

長期保証や点検システムを通して住まいの資産価値を守り続ける。
そして人生のさまざまな場面に寄り添ってサポートしていく。
建てた後もずっと続くお客様とのつながりを大切にしていくために。

INFORMATION
旭化成ホームズ株式会社
https://www.asahi-kasei.co.jp/j-koho/index.html/

AsahiKASEI
旭化成ホームズ

### 「あさひ・いのちの森」生物多様性の保全のための研究も推進

旭化成ホームズは、環境省の「生物多様性のための 30by30 アライアンス」に参加している。これは 2030 年までに国土の陸域･海域それぞれ 30%を自然環境エリアとして保全し、生物多様性の確保に貢献しようというもの。

同社では、グループ会社敷地内に人工の森「あさひ・いのちの森」を創出し、生物多様性保全の研究を続けている。また、そこで得た知見をもとに、生物多様性保全に効果的な植栽計画「まちもり」を開発し、都市のエコロジカルネットワークの構築を推進しているところだ。「あさひ・いのちの森」については、生物多様性の保全に資する地域「OECM」の登録も目指している。

一方でまた、国際的イニシアチブ「RE100」に参加し、2025 年度までに事業活動で使用する全電力を再生可能エネルギー(非化石価値を含む) 由来の電力に置き換えることも宣言している。

## 人生を支えるフューチャーバリュー

住まいの資産価値を守り続けるための活動にも注力している。ロングライフ住宅宣言を契機に、50年点検サービスを導入した同社だが、2019年には建物定期点検の60年間無料化を打ち出した。それまでは30年間の無料建物点検サービスを導入していたが、一気に期間を倍に延長した格好だ。同社の「一生面倒を見る」という覚悟がうかがえる。

アフターサービス体制も強化し、建物に関する相談だけでなく、様々なサービスを紹介する「LONGLIFEコンサルティングサービス」を開始。

オーナー専用サイト「HEBELIAN NET.」では、マイページから自宅の新築時の情報や点検や補修、リフォームの履歴などを確認することができ、オーナーが交代するとスムーズにこうした“家の歴史”も引き継がれていく。

住宅の資産価値を適切に評価するために、ロングライフ買取保証サービスも用意。旭化成不動産レジデンスが、一定の条件を満たすヘーベルハウスとその土地を、スムストック査定額に独自の加算を加えた査定額で販売する。スムストック査定とは、大手ハウスメーカーが中心となり、一定の要件を満たした住宅の資産価値を適切に評価しようというもの。同社では、さらにプラスした査定額で販売を行う。6カ月間販売活動を実施し売却できない場合、その査定額の90%を上限として旭化成不動産レジデンスが買取る。冒頭に説明した失われた500兆円問題に一石を投じる取り組みだ。

自らが提供した住宅が存在する限り、面倒を見ていくという旭化成ホームズの姿勢は、SDGsのゴールのひとつである「つくる責任・つかう責任」を具体的な行動に落とし込んだ好例だと言えるだろう。長寿命で万が一の災害にも強く、脱炭素社会の実現にも貢献する住宅を提供し、ソフト面でも人生100年時代の暮らしを支えていく。

暮らしの基盤となる住まいを提供する会社が果たすべき根源的な役割を示している。

住まいのしあわせを、
ともにつくる。

# 住宅ローンで
# カーボンニュートラルな
# 住まいづくりを応援

## 【フラット35】

新たに住宅取得する時、多くの人が利用する住宅ローン。
住宅金融支援機構では、その住宅ローンを通じて、カーボンニュートラルな住まいづくりを応援している。
近年では省エネ工事のためのリフォームローンなどにも注力しており、
住宅ローンを通して持続可能な暮らしの実現を支援する。

金融面から日本の住まいづくりを長年にわたり支えてきた住宅金融支援機構（以下「機構」）。【フラット35】は、民間金融機関と機構が提携して提供する最長35年の全期間固定金利の住宅ローンだ。

ここにきて住宅ローン金利が上昇する気配が高まっているが、変動金利型の住宅ローンの場合は、金利の動向次第でライフプランを見直す必要性さえ生じてしまう。

これに対して【フラット35】は、資金の受取時に返済終了までの借入金利と返済額が確定するため、長期にわたるライフプランが立てやすい。

さらに、2023年1月以降の借入申込分から、同性パートナーの方も連帯債務で【フラット35】に申込むことが可能になった。ジェンダーレス社会の実現に向けた取組である。

## 日本の住宅の省エネ性能の底上げを支援

【フラット35】は、良質な住宅の供給を促すという役割も担っている。【フラット35】を利用するためには、機構が定めた技術基準を満たす必要があり、【フラット35】を利用できるということは、ある一定以上の性能を備えている住宅ということでもある。

機構では、既に2022年10月から技術基準の一部を変更し、省エネ性能に関する要求レベルを引き上げている。

背景にあるのは、国が脱炭素社会の実現を目指し、2025年度までに省エネ基準のクリアを全ての新築住宅に求める方針を明らかにしているからだ。

この国の方針に先駆け、機構では、2023年4月から【フラット35】の新築住宅で求める省エネ性能の基準を、国が定める省エネ基準のレベルにまで引き上げる。

これによって、日本の住宅の省エネ性能の底上げを図ろうというのが狙いである。

脱酸素社会への実現に向けた取組

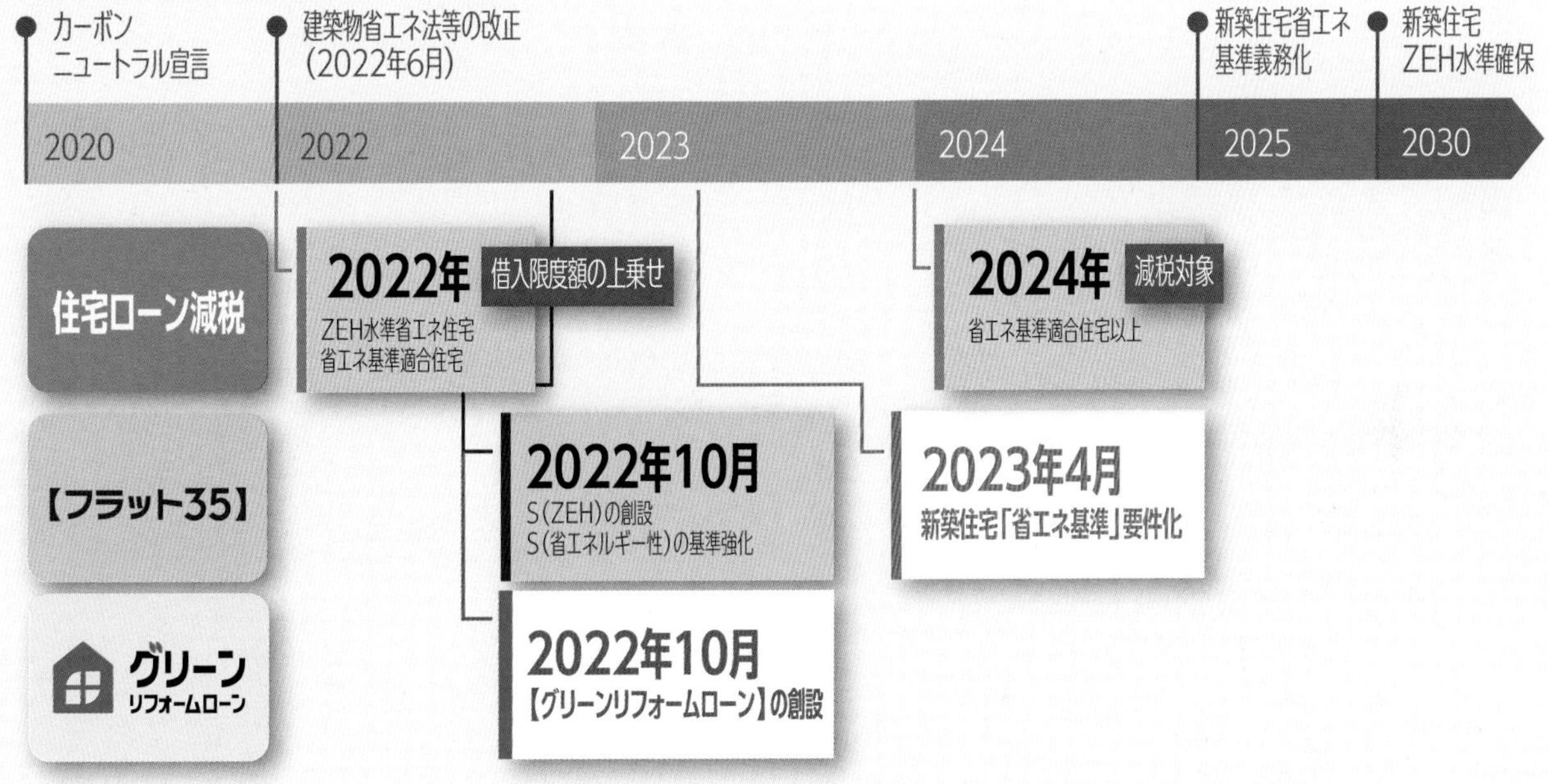


## 省エネ性能の高い住宅なら金利を最大10年間、年0・5％引下げ

機構には【フラット35】S（ZEH）というメニューがある。より省エネ性能が高い住宅の取得を、金利を引き下げて応援しようというものだ。

具体的には、年間のエネルギー収支をゼロにすることを目指したZEH（ネット・ゼロ・エネルギー住宅）であれば、【フラット35】の金利を当初5年間は年0・5％、6～10年目は年0・25％引き下げる。

さらに、ZEHかつ長期優良住宅であれば、当初10年間の金利を年0・5％引き下げる。長期優良住宅とは、住宅を長く大切に使うために国が定めた基準をクリアし、認定を取得した住宅である。

## 既存住宅の脱炭素化にも貢献 全期間固定金利のリフォームローン

日本の新築住宅の脱炭素化は急速に進みつつあるが、一方で膨大な量の既存住宅については、ほとんど手つかずの状態にあると言っていいだろう。約5400万戸の既存住宅のうち、国の省エネ基準をクリアしていない住宅が9割を占めているという推計もある。脱炭素社会の実現に向けては、ある意味、新築住宅以上に既存住宅の省エネ改修などを推進していくことが大事になる。

そこで、機構では、2022年10月から【グリーンリフォームローン】の取り扱いをスタートさせた。省エネ工事のための全期間固定金利のリフォームローンだ。

融資手数料無料、無担保、無保証という商品性で、返済期間10年以内、最大500万円を融資する。ZEH水準にまで性能を引き上げるリフォーム工事であれば、金利を全期間年0・2％引き下げる。

満60歳以上の人であれば、高齢者向け返済特例（ノンリコース型）も利用可能だ。これは、毎月の支払いを利息のみにすることができる制度で、元金は、申込者全員が死亡した時に相続人から返済するか、担保物件の売却代金から返済する。担保物件の売却代金が残債務に満たない場合であっても、相続人が返済する必要はない。

## グリーンファイナンスで“緑の循環”を生み出す

機構では、国内で初めて住宅ローンを資金使途とする住宅金融支援機構債券グリーンボンドを発行している。

グリーンボンドとは、環境改善活動（グリーンプロジェクト）のみに使うことを目的として企業や自治体が発行する債券である。機構では、グリーンボンドで調達した資金を省エネ性能に優れた住宅に対するローン債権の買取りに使用している。

脱炭素社会の実現に向けた、暮らしの基盤となる住宅のグリーン化は絶対に避けることができない課題だ。しかし、難しさもある。住宅の多くは、個人の投資によって整備されていく。個人の資金負担によって整備される社会的な資産という側面を持っているのだ。国や自治体、企業などと比較すると、個人に経済的な負担を強いる形で環境対策を進めていくことは、非常に難しい。

機構では、住宅ローンを通して住宅取得者の負担を軽減しながら、住宅のグリーン化を支援しようとしている。それだけに、脱炭素化社会の実現に向けて重要な役割を担っていると言っていいだろう。

### 【グリーンリフォームローン】の概要

**断熱改修工事または省エネ設備設置工事**
を含むリフォーム

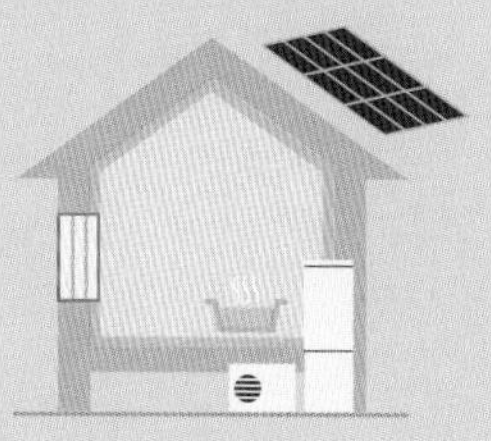

**省エネ工事のためのリフォームローン**

融資額は、
最大500 万円

**返済期間10年**
**全期間固定金利**

・お申込み時の金利を適用します。
・金利は毎月見直され、月末に翌月の適用金利が公表されます。

最新の金利はこちらでご確認ください。▶

**融資手数料無料、無担保、無保証**

¥0

INFORMATION
住宅金融支援機構
https://www.jhf.go.jp/index.html/

住宅金融支援機構
LINE公式アカウント

**2023年4月**
**【フラット35】**
省エネ基準の要件化をスタート

**公式 YouTube で住まいの取得のポイントや住宅ローンについて解説**

住宅金融支援機構では、公式YouTubeを開設し、初めて住まいを取得する際のポイントや住宅ローンなどに関する解説動画を公開している。住まいの取得とお金の計画をスムーズに進めるために様々な情報を発信している。

# 脱炭素社会を実現するために、私たちができること。

2050年までの実現が叫ばれている、カーボンニュートラルな社会。
住宅分野でもまた、省エネルギー性能を高めた
住まいの実現が推進されています。
2025年4月からの新築住宅の省エネ基準適合義務化に先駆けて、
【フラット35】では2023年4月から
新築住宅取得の際の省エネ技術基準を見直します。
気候変動に対応することは私たちにとって大切な経営課題。
社会が省エネに向けて大きく舵を切りはじめた今、
私たちは【フラット35】Sや【グリーンリフォームローン】などを通じて、
住まいの省エネルギー化をサポート。
脱炭素社会の実現に向けて、一歩一歩着実に歩んでいきます。

ずっと固定金利の安心

## 【フラット35】S

住宅金融支援機構は、【フラット35】Sを提供することで省エネ性など質の高い住宅の普及に取り組み、$CO_2$排出量の削減に貢献しています。現在【フラット35】Sが適用された住宅のうち約半数は「省エネルギー性に関する技術基準」を満たす住宅となっています。

リフォームに省エネという選択

## 【グリーンリフォームローン】

2022年10月に、断熱改修工事や太陽光発電設備設置工事など、省エネ・創エネに資する個人向け住宅のリフォーム工事を行う場合に利用できる【グリーンリフォームローン】を創設しました。脱炭素社会の実現に向けて、既存住宅への取り組みを推進していきます。

住宅金融支援機構債券

## グリーンボンド

省エネルギー性に優れた新築住宅を対象とした住宅ローン【フラット35】のうち「省エネルギー性に関する技術基準」を満たす新築住宅を対象に、それらの住宅ローン債権の買取代金を資金使途とするグリーンボンドを発行しています。

住まいのしあわせを、ともにつくる。
住宅金融支援機構

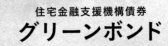

# 人間と生物の"いのち"をまもる 里山を参考にした住まいづくりとは

人間の暮らしを支える家や街。
しかし、人間から他の生物に視点を変えてみると、その景色はどのように映るのだろうか。
人間だけでなく、生物の"いのち"さえもまる住まいづくりは可能なのだろうか。
積水ハウスは、その難題に挑戦する。

地球の人口は過去50年間で40億人も増加したと言われている。

しかし、人口の増加に反比例するように野生生物は3分の1にまで減少。生物多様性は、気候変動とともに人類が解決すべき問題になっている。

2022年12月にカナダ・モントリオールで開かれた国連の生物多様性条約第15回締約国会議（COP15）。この会議で生物多様性に関する新たな国際目標が採択された。

新しい目標には世界の陸域・海域の30％の保護を目指す「30by30」などが盛り込まれており、生物多様性保全の動きが一歩前進することが期待されている。

日本は生物多様性の保全という観点で非常に重要な役割を担っている。もともと生物多様性が豊かであるが、開発などによって絶滅に瀕した生物が多いエリアを「生物多様性ホットスポット」と呼ぶ。コンサベーション・インターナショナルという国際機関は、世界で34の地域を「ホットスポット」として選定しているが、そのひとつが日本列島なのだ。

## 在来種を使い 住宅の庭で生物多様性を保全する

急激な経済成長を遂げてきた日本の歴史のなかで、多くの生物が棲み処を失い、絶滅危機に直面している。人間だけでなく、他の生物の"いのち"をまもるために、我々は何ができるのだろうか。積水ハウスでは、その問いかけに対して、ひとつの解を示そうとしている。

同社では、1999年に環境未来計画を策定し、サステナブルな社会の実現に向けた取り組みに着手。そして2001年、「5本の樹」計画を本格的にスタートさせた。

これは「3本は鳥のために、2本は蝶のために」というコンセプトを掲げ、住宅建設の際にそれぞれの地域の在来種を中心とした樹種を植栽していこうというものだ。

「5本の樹」計画を検討する際に参考にしたのは日本の里山。常緑樹や落葉樹が混ざり合った

## 「5本の樹」の庭を里山ネットワークの一部に

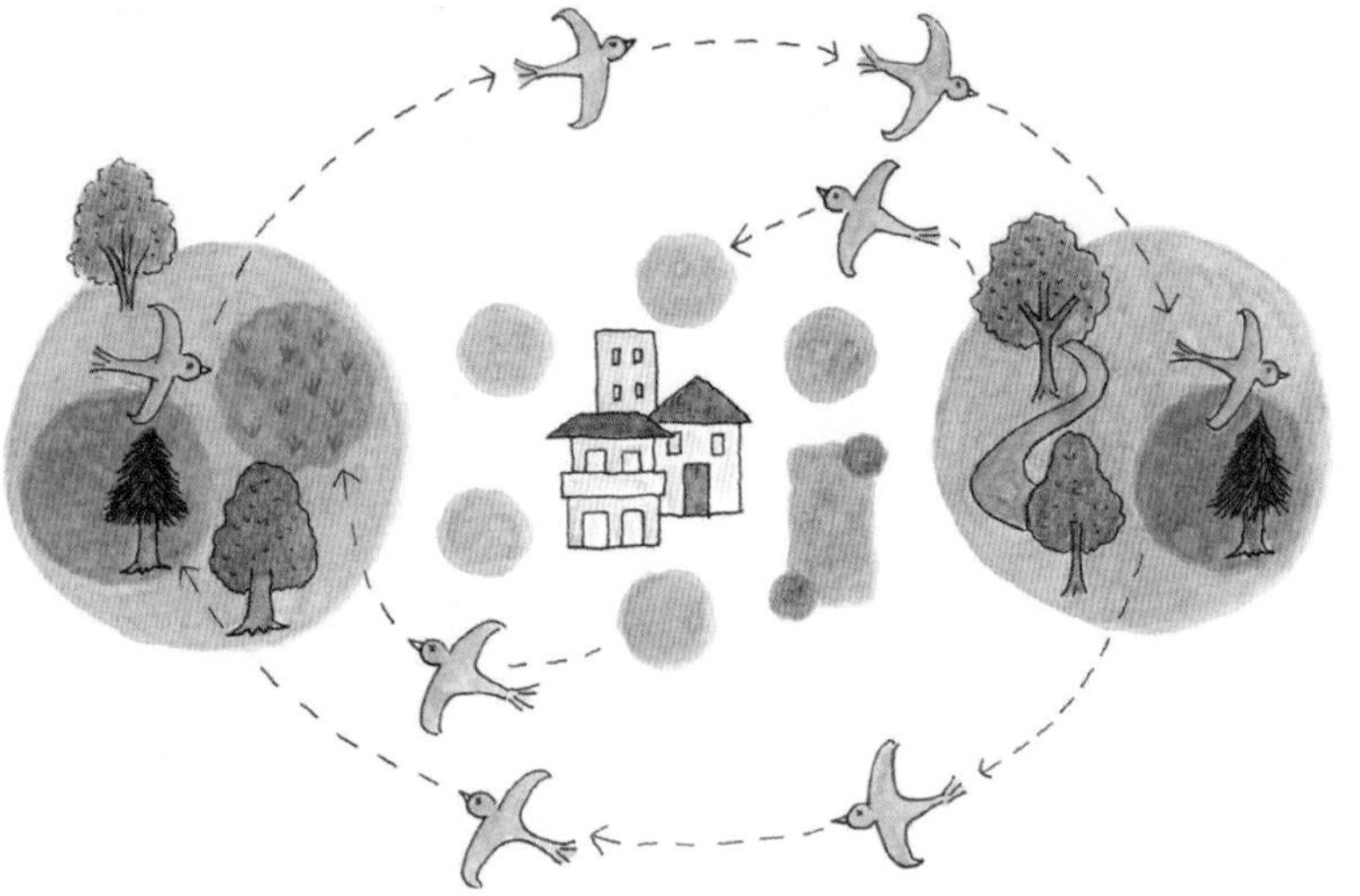

里山は、人々の暮らしと共生しながらも、多様な動植物の棲み処としての役割も果たしてきた。

この里山を手本に、住宅内に"いのち"を育む場を創造しようというわけだ。

都市近郊に残る緑地などと住宅の庭をネットワーク化することで、鳥や昆虫などの棲み処となる里山ネットワークの形成も目指している。

庭に植栽する樹種は、全国を5つの地域区分に分けて、それぞれの地域の気候風土と調和する在来種を選ぶようにしている。同社では、「5本の樹」計画のスタートにあたり、在来種の供給体制も整備した。計画開始当初、一般的な庭木とは異なり、在来種を安定的に調達することは決して容易ではなかった。植木生産者の多くは、人気がある庭木を中心に育てているからだ。

そこで、これまで付き合いのあった植木生産者や造園業者の方々に勉強会を開くなど「5本の樹」計画の取り組みを伝え、在来種を調達できる環境整備に協力を仰いだ。今では、在来種の市場が広がり、ホームセンターでも目にするようになった。

また、在来種には派手な花を咲かせるものが少なく、何気なく季節の移ろいを感じさせる日本的なものが多い。その良さを、住宅を建てる施主にも理解してもらうことにも苦心した。

こうした取り組みを通じて、生物多様性の大切さや「5本の樹」の意義を社会に広めていった同社だが、「5本の樹」計画を開始した2001年から2021年までに住宅の庭に植栽した樹木の累計は約1810万本にも達する。これは、東京都の街路樹の18倍もの植栽量である。

## 里山の仕組みを活かした庭づくり

## 「5本の樹」の効果を定量的に評価 社内外に広がるムーブメントへ

「5本の樹」計画を通して、生物多様性の保全に貢献する住宅の提案を進めてきた積水ハウス。同社の取り組みは実際に生物多様性の保全に貢献しているのだろうか。

この疑問に答えるために同社では、自社で供給した「5本の樹」の考え方を取り入れた分譲住宅地で、目視による調査を実施してきた。その結果、例えば宮城県仙台市の「コモンシティ青葉のまち」では、14科20種の昆虫類を確認できたという。周辺地域では2科2種の昆虫類しか確認できなかったことを考慮すると、「5本の樹」計画によって生物多用性保全に貢献していると言えるだろう。

2019年からは琉球大学久保田研究室・シンクネイチャーと共同で、科学的かつ定量的に効果を検証する取り組みにも着手。久保田研究室では、「日本のどこに、どのような植物が生えており、どのような生きものがいるか」というビッグデータを整備している。このデータと積水ハウスが保有する「5本の樹」計画によって植栽した樹種、本数、位置情報のデータを組み合わせることで、どの地域にどのくらいの種類の鳥や蝶を住宅地に呼び込めているのかを定量的に評価したのだ。

その結果、「5本の樹」計画を行うことで、樹種数が約10倍になったことが分かった（同社実績）。その結果、「5本の樹」計画を行わなかった場合に住宅地に呼び込める鳥は平均9種類だが、「5本の樹」計画によって平均18種類の鳥を呼び込めるようになる。

蝶を住宅地に呼び込む効果も、平均1・3種類から6・9種類にまで増やせることが判明したという。

3本は鳥のために、2本は蝶のために—。この「5本の樹」計画のコンセプトを体現するような検証結果だと言えるだろう。

久保田研究室と積水ハウスでは、生物多様性の効果を定量的に評価する仕組みを「ネイチャー・ポジティブ方法論」として公開し、様々な企業や組織と共有化している。加えて積水ハウスでは、「5本の樹」計画の考え方に基づき庭木を選定する際に参考になる「庭木セレクトブック」を作成し、公開している。

それぞれの住宅での取り組みは「点」に過ぎないが、複数の住戸が集まれば「面」になる。さらに、それぞれの「面」がつながることで、都市の生物多様性はより豊かになっていく。

積水ハウスは、独自に蓄積した「5本の樹」のノウハウを他社にも公開していくことで、点から面へ、面からネットワークへと生物多様性の保全に向けた動きを広げていこうとしている。

### 地域の気候風土に調和する在来種を独自に選定

代表的な「5本の樹」の樹木例
（実際は都道府県単位で細分化）

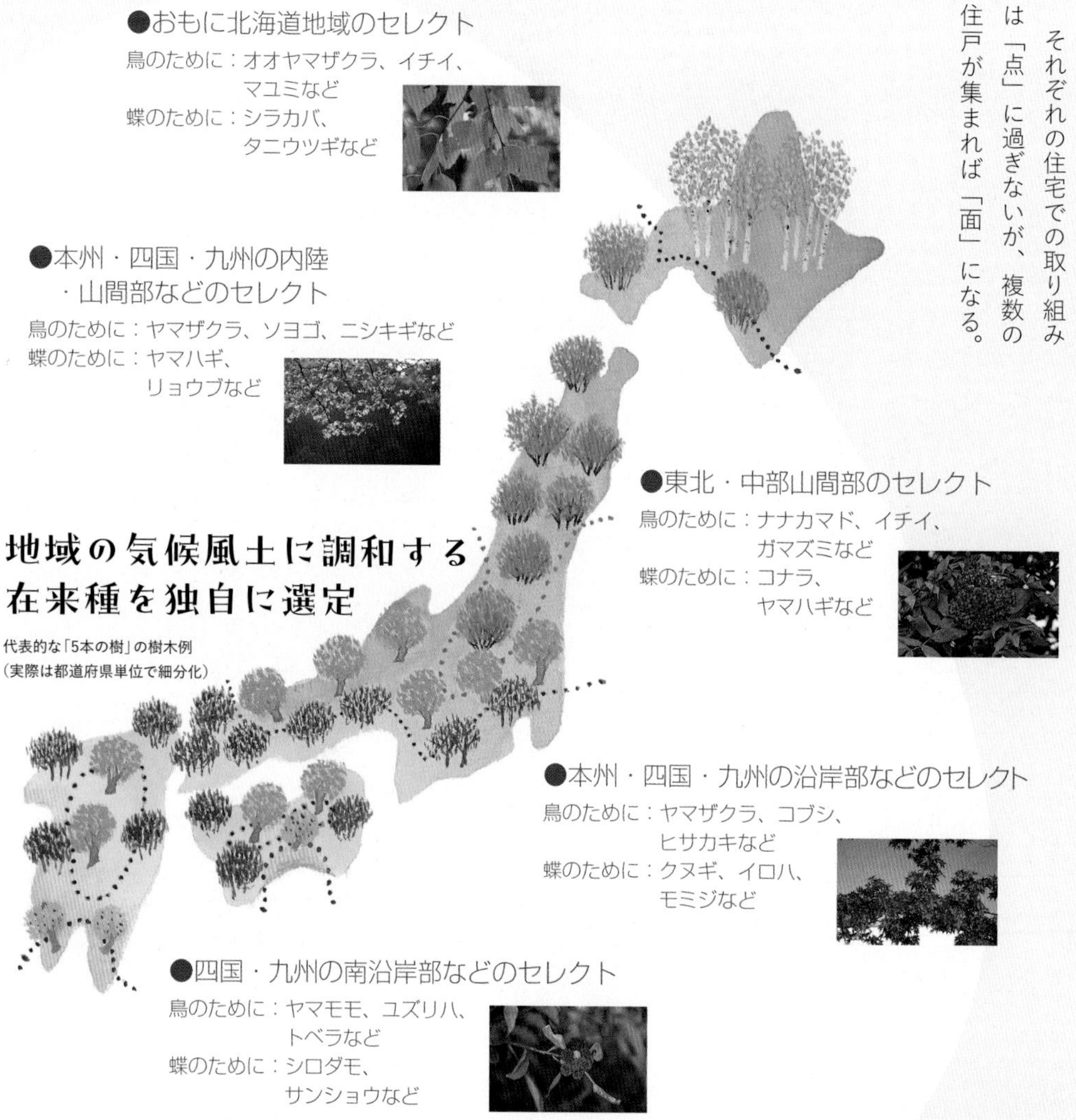

新梅田シティの北側にある都会の里山の風景



## 環境を壊す開発から 環境を創る開発へ

「ネイチャー・ポジティブ方法論」については、すでに（公財）都市緑化機構が利用することが決定している。同機構では、社会、環境に貢献し、良好に維持されている企業緑地とその取り組みを第三者評価により認定する制度「SEGES（社会・環境貢献緑地評価システム）」を2005年から運用している。この制度の認証を受けている企業緑地について、生物多様性への貢献度を検証していこうとしている。

なお、SEGESの認定を取得している企業緑地のひとつが、積水ハウスが本社を構える梅田スカイビル（大阪市北区）の敷地内にある企業緑地「新里山」だ。梅田スカイビルの足元にある新梅田シティの北側。そこには約8000平方㍍にわたり都会に似つかわしくない里山の風景が広がる。

積水ハウスが「5本の樹」計画の考え方に基づいた里山を整備したのだ。500本を超える在来種と200種類以上の低灌木・草花を植栽し、棚田や畑も整備した。

雑草や枯葉をすぐ撤去してしまうような消費型の管理ではなく、雑草を抜かない下草刈りや、枯葉を林床にそのまま置いて堆肥化させるといった、かつての里山で行われてきた環境負荷の少ない循環型の管理を行っている。今ではたくさんの生き物が生息する森へと成長している。

世界で千羽未満しか生息しないと言われている絶滅危惧種である「ミゾゴイ」という鳥がこの都会の里山に飛来し、1カ月半滞在したこともあるそうだ。

建築や開発を行えば、人間の文明は発展するが、他の生物の存在を脅かしてしまう。こうした状況を変えるために、人間だけでなく、その他の生物の“いのち”もまもっていく。

積水ハウスは、こうした難易度の高い挑戦が決して不可能ではないことを示そうとしている。環境を壊す開発ではなく、環境を創る開発を—。同社の取り組みは、建築や開発という行為そのものの意味を作り変えていくことになりそうだ。

埼玉県朝霞市。緑豊かな自然環境と利便性が共存するこの地に、2019年10月、「あさかリードタウン」というまちが誕生した。

　もともとは積水化学工業の工場があった場所に、同社の技術力を結集する形でサステナブルなまちづくりが行われた。開発総面積は約7万3400㎡。この広大な敷地内に、戸建住宅130戸、8階建てのマンション（212戸）、さらには保育施設や高齢者施設、商業施設までも整備している。

すみつぐ暮らしを
カタチにするために…

# Smart、Resilience、Sustainable
# 持続可能なまちづくりを次世代へと継承する

**積水化学工業の住宅カンパニー（セキスイハイム）は、「次世代へ継承してゆく道標となるまちづくり」を目指し、持続可能な分譲住宅事業に取り組む。**

## サステナブルなまちをつくる 3カンパニーの知恵と技術を結集

「あさかリードタウン」のコンセプトは、「Ｓａｆｅ＆Ｓｏｕｎｄ：安心・安全で、環境にやさしく、サステナブルなまち」。このコンセプトを実現するために、積水化学工業の技術力を結集させた。同社は、住宅、高機能プラスチックス、環境・ライフラインという3つのカンパニーで構成されている。

　この3つのカンパニーが「サステナブルなまちをつくる」という想いを重ねながら協働し、知恵と技術を出し合ったのだ。

　例えば、災害後になるべく早く普段通りの生活が送れる復元力を備えることを目指し、地下からまちづくりのあり方を検討。高機能プラスチックスカンパニーの集中豪雨などの被害を低減させ、まちを守る雨水浸透槽「クロスウェーブ」（現在は環境・ライフラインカンパニー管轄）、さらには環境・ライフラインカンパニーの耐震・耐久性に優れた配管やインフラ・工法を採用している。

　また、強固なインフラを整えた土地の上には、住宅カンパニーが誇るスマートかつ、レジリエンス機能を備えた住宅「スマートハイム」が建っている。太陽光発電システムや蓄電池、飲料水貯留システムを標準で搭載しており、太陽光で発電した電力や蓄電池に貯めた電力を使用することで、停電時でも電力を使用できる。飲料水貯留システムを活用すれば、断水時でも4人家族3日分の24リットルの飲料水を確保できるなど、災害から1日でも早い生活再建を目指す「縮災」につながる。

## 人の輪をつなげる まちをアップデートするために

地球環境問題の解決に貢献するスマートさ、さらには多発する自然災害に備えるレジリエンス性をカタチにすることで、持続可能性を手にした「あさかリードタウン」。それに加えて、人の輪（コミュニティ）をつなげ、まちをアップデートしていく工夫も盛り込んでいる。

新しくタウンマネジメント会社を創設し、まちの点検・見回り・清掃やクラブハウスといった共用施設の管理を行っている。これによって、いわゆる"売りっぱなし"ではなく、永続的に「作った責任」を果たしていこうというわけだ。

「60年・長期サポートシステム」により、住まいの定期点検・定期診断を無償で引き渡しから60年目まで行うサービスも提供している。

加えて、Secualと協働で開発した住民専用スマートフォンアプリ「NiSUMU」（ニスム）やスマート街灯などで、まちの魅力を維持・向上させるタウンマネジメントも行っている。

「まちづくりガイドライン」も策定し、将来にわたり、植栽デザインや外構などが維持され、街の価値を下げないための対策を施している点も特徴のひとつ。

## スマート、レジリエンス、サステナブルで 日本全国で持続可能なまちを創造

積水化学工業では、「あさかリードタウン」をひとつの契機として、まちづくり事業に注力。2021年にはセキスイハイム誕生50周年を迎えたことを受けて、全国10分譲地で社会課題解決への貢献を拡大する「戸建スマート&レジリエンスまちづくり」を始動した。環境・防災対応の共通化と様々な地域課題へ対応するまちづくりの仕組みが評価され、2022年度グッドデザイン賞も受賞した。

「ユナイテッドハイムパーク」という新たなブランドも立ち上げ、持続可能なまちづくりを進めている。

同社が手掛けるまちづくりは、「あさかリードタウン」で実現したように、スマート、レジリエンス、サステナブルがテーマとなっている。地球環境と住む人にやさしく、災害時と日常の安心な暮らしを実現し、なおかつコミュニティの形成を促す―。こうした想いが詰まったまちが日本全国で作られようとしている。同社住宅カンパニーで分譲事業を担当する高橋謙一氏（分譲事業推進部分譲事業推進室プロジェクトヘッド）は、「将来にわたり安全・安心な暮らしを支え、なおかつ資産価値が下がらないような工夫を施すことで、住民の方々が入れ替わったとしても、持続的に成長するまちを実現できると考えています。その結果、『つくる責任』を果たしていきたいと考えています」と語る。

# セキスイハイムのまちづくり

## 1. Smart

快適なニューノーマルの暮らし

全邸蓄電池搭載のZEH。
進化した換気・空調と合わせて、
快適なニューノーマルの暮らしを実現

### 地球環境と住む人にやさしい暮らし

地球と家計にやさしいエコな生活の実現

#### “ZEH”を叶える大容量ソーラー

（ネット ゼロ エネルギーハウス）

庇を延長させて搭載面積を拡張。方位や屋根形状の影響が少ないフラット屋根だから、たっぷり発電できる。

#### スマートハイムナビ

（ホーム エネルギー マネジメント システム）

独自のHEMSが設備の省エネ運転をサポート。家の機器は、外から遠隔操作や、家の中で音声操作ができ、スマートな暮らしを実現。

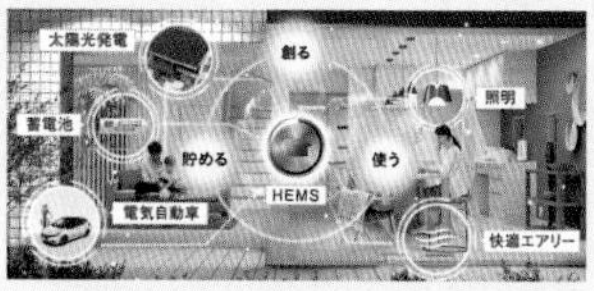


### 快適な空気環境

快適に暮らすために

#### 快適エアリー

（換気・空調システム）

抗ウィルスフィルターを採用した換気・空調システムが、汚れた空気をしっかり排出し、キレイな空気を供給する。

※フィルターに付着したウイルスに対する抑制機能についてJIS 規格（JIS L 1922:2016（ISO18184））に基づき実証。ただし、すべてのウイルスに効果があるわけではない。疾病の治療や改善、予防を目的とするものではない。フィルターを通過する空気に対する抗ウイルス機能については確認していない。

## 2. Resilience

災害時にも暮らしを守るインフラ

災害に強い積水化学グループのインフラ技術で、
災害時と日常の安心の暮らしを実現

### 災害時の安心 - みんなの命を守る -

地域の浸水被害を抑制するために

雨水を地下に一時貯留し
内水氾濫の被害を軽減

#### 雨水貯留・浸透システム

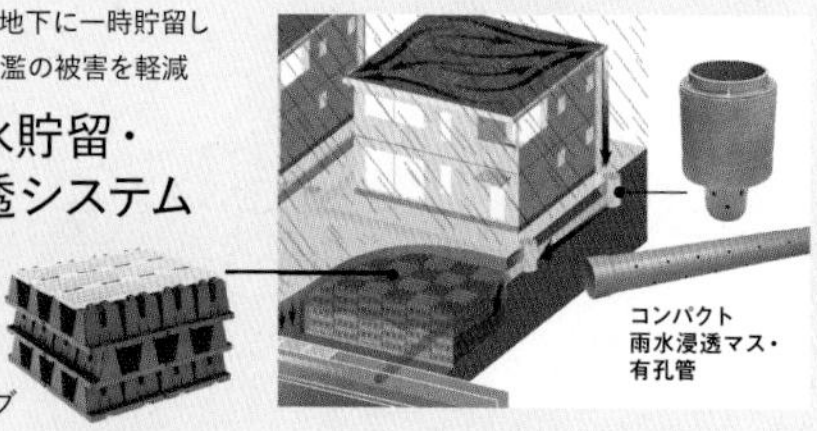


クロスウェーブ

### 災害後の安心 - 暮らしを守る -

災害後も自宅で生活するために

自宅でつくった電気を貯めて使う

#### 蓄電池

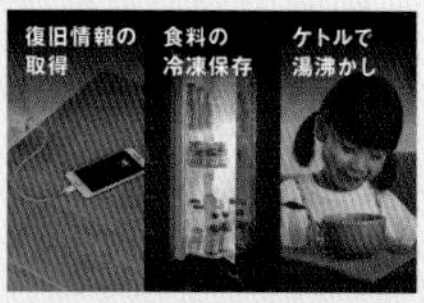


※停電時は、事前に計画したコンセント・スイッチでのみ電力使用可能。同時に使用できる電力には限りがある。

4人家族3日分の飲料水の備え

#### 飲料水貯留システム

※事前に計画した給水器具からのみ取水可能。4日以上水を使用しなかった場合は、貯留水の水質が低下している恐れがあるため、最初の70リットルは飲用以外に使用するか煮沸が必要。

### 日常の安心 - 安全を守る -

安心して暮らすために

外出時の不審者の
侵入を抑制

#### 防犯システム

## 長い人生、「まち」が育む地域のコミュニティを活性化

まちが安心で心地よい人生を支える

### まちづくりデザインガイドライン

(“まち”の約束ごと)

建物デザインや外構、植栽計画などについて共通仕様を“まち”の約束ごととしてガイドラインを策定。

●統一感のある美しいまちなみ

門柱や植栽を揃えることで美しいまちなみを演出。そして、ガイドラインが時が経ても変わらぬ“まち”の価値を守る。

●コミュニティとプライバシー

毎日のちょっとした会話から住民同士のコミュニケーションが広がり、人が集う賑わいある“まち”を目指している。みんなが気持ちよく暮らし続けられる分譲地ならではの考えられた建物計画。

●夜間も安心

穏やかな夜のまちなみ。美観もさることながら、不審者対策などにも効果的な外灯設計をしている。

まち・家・人をつなぐ

### タウンマネジメントシステム『NiSUMU』

コンシェルジュとホームセキュリティ機能を全邸に提供し、サステナブルなまちづくりを実現するスマートタウン向け統合サービスが利用できる。

▼便利で快適な暮らしをサポートする コンシェルジュ機能

- ゴミ置き場、生活道路の清掃
- チャット
- アプリ投票による安全・利便性の改善
- 年1回の総会実施
- ゴミ出し違反注意喚起
- 電子回覧板
- 備品貸出予約
- コミュニティ支援

## 将来の安心 - 人生を守る -

人生100年時代を楽しむために

### 60年・長期サポートシステム

お客様の大切な建物の価値を永く維持するため、60年・長期サポートシステムが、住まいの定期点検・定期診断を無償で引き渡しから60年目まで行う。診断以外にも、日々の困りごとからリフォーム、高齢期の相談まで積水化学グループ全体でサポート。

※実際の点検・診断時期は前後することがある。また、「定期診断」とはセキスイハイムグループからご案内を行い、お客様のお申し込みにより建物や設備の診断をするシステム。保証対象以外のメンテナンスは有償となる。

# 3. Sustainable

次世代へ住み継がれるまち

多世代にわたり価値を維持することで、地域活性化や空き家の抑制に寄与し、地域住民の交流が絶えないまちを実現

共に創る。
共に生きる。

# 古都 平城京の地で 人を育てて、未来をつなぐ源泉を創る

**大和ハウスグループでは、持続可能な未来を創造していくためには“人財”を育てていくことが不可欠と考え、2021年10月に奈良市に研修施設「大和ハウスグループ みらい価値共創センター」を開設。社員だけでなく、地域住民との共創も目指した研修施設を核に、未来をつなぐ源泉を創造しようとしている。**

今から約1300年前。710年に元明天皇が藤原京から平城京へと都を遷した。その古都の一角に大和ハウスグループの研修施設「大和ハウスグループ みらい価値共創センター」がある。愛称は「コトクリエ」。「古都」と多種多様な人々を表す「個と」、未来を担う〝人財〟を育んでいく姿勢を示した「子と」ともに様々な「コト」を創りあげていく施設という意味が込められている。

2021年10月に開所となったコトクリエだが、建設地からは奈良時代の下級役人の住宅跡が多く出土したという。この住宅跡は、平城京の南橋に位置しており、当時は貨幣を貸し付け、住宅を取得させるといったことが行われていたという記録もあるそうだ。ちなみに、大和ハウスグループでは、1962年に当時の大和団地が住宅ローンの先駆けとなる「住宅サービスプラン」付きの住宅を販売している。「たまたまではありますが、不思議な縁を感じます」と、みらい価値共創センターの池端正一センター長は語る。

## 地域に開く研修施設
## 次世代を担う人財育成のために

大和ハウスグループでは、創業100周年にあたる2055年に売上高10兆円を目指している。この目標をクリアするために、「多くの人々の役に立ち、喜んでいただける商品やサービスの提供」という創業者、石橋信夫氏の精神を体現する人財の育成を進めている。

奈良県吉野で生まれた石橋信夫氏は、社会が求めているものを次々と事業化していき、住宅不足という課題を解消するために、建築の工業化を形にし、大和ハウスグループの礎を築いた。「儲かるのではなく、世の中の役にたつからやる」という創業者の理念は、今の社会にこそ求められるものかもしれない。

コトクリエは、創業者のDNAを未来へとつなぎ、人財基盤のさらなる強化を推し進めるための拠点である。国内外のグループ会社が集い、共に社会が求める価値を創造するためのプログラムなどを実践している。

社員だけでなく、地域の人々との共育や共創も推進している。月に1度開催している「ジュニアコトクリエDAY」では、ワークショップなどを通じて、地域の子ども達の学ぶ場を提供している。種子島などの子ども達と奈良の子ども達をオンラインで結び、コミュニケーションを取りながらお互いに学び合う機会なども創出している。

STEAM教育を取り入れたプログラムも実践。STEAM教育とは、科学（Science）・技術（Technology）・工学（Engineering）・芸術（Art）・数学（Mathematics）といった分野を横断的に教育するもので、世界各地で導入されている。理科系や工学系だけでなく、国語や社会などの他の分野の知識や技術を組み合わせて、自ら課題解決に向けたアイデアなどを創造する力などを育成する。

「次世代を担う子ども達に学びの場を提供することは、短期的には企業の利益につながらないかもしれませんが、広く人財を育てていくことも我々の役割だと考えています」（池端センター長）。

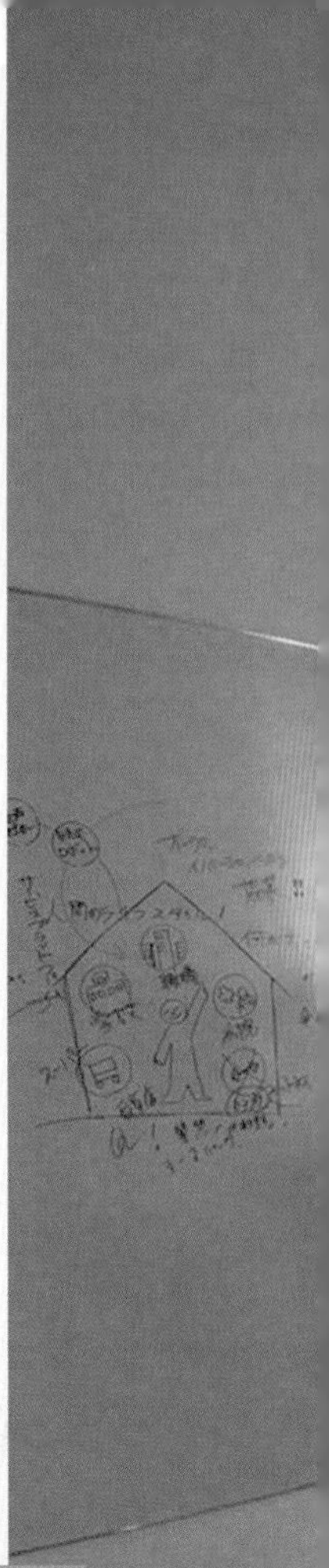

曲線を多用し、大和ハウスグループのシンボルであるエンドレスハートのもとになったメビウスの輪と、二重らせん構造のDNAを組み合わせた建物デザイン

コトクリエのシンボル的な施設でもある太陽のホール。吹き抜けから光が降り注ぐダイナミックかつ開放的なホール。吉野杉による仕上げで、温かな雰囲気と柔らかな音環境を演出している

建物外構には、万葉集に出てくる植物を植栽している

# 徹底した環境配慮で脱炭素社会の建築のあり方を示す

コトクリエの建物の規模は、敷地面積が約1万8000㎡、延床面積が約1万7000㎡の4階建てとなっている。建物のデザインは曲線を多用した有機的な意匠を有している。建物全体の形は、大和ハウスグループのシンボルであるエンドレスハートのもとになったメビウスの輪と、二重らせん構造のDNAを組み合わせて表現しているという。

徹底した環境配慮も施している。帯水層蓄熱システム「ATES（エーテス）」や太陽光発電をはじめとする自然エネルギーを活用するなど徹底した環境配慮を行い、同規模の一般建築と比較すると約63％のエネルギーを削減できるZEB（ネット・ゼロ・エネルギー・ビル）になっている。「ATES」とは、施設地下に熱源水槽を設け、年間を通して一定の温度に保たれている地下水から採熱し、夏は冷房、冬は暖房に利用するもの。

画像センサーによって人数を検知し、空調や照明を制御するシステムも採用。照明は、人が止まると100％点灯し、人が通ると25％点灯、誰もいないと消灯するというきめ細やかな制御が行われている。

外構デザインでは、生物多様性の保全や雨水利用のための対策が行われている。

また、万葉集に登場する植物を植栽し、子ども達のためのワークショップなどにも活用しているという。

室内には奈良県産の吉野杉を各所で多用しており、森林資源の有効活用にも貢献する。

米国のGreen Business Certification Inc.TMによる3つの国際的な環境認証である「LEED」、「WELL」、「SITES」を日本で初めて同時取得したことからも、この建物の先進性が分かるだろう。まさに脱炭素社会の建築のあり方を示す建物となっている。

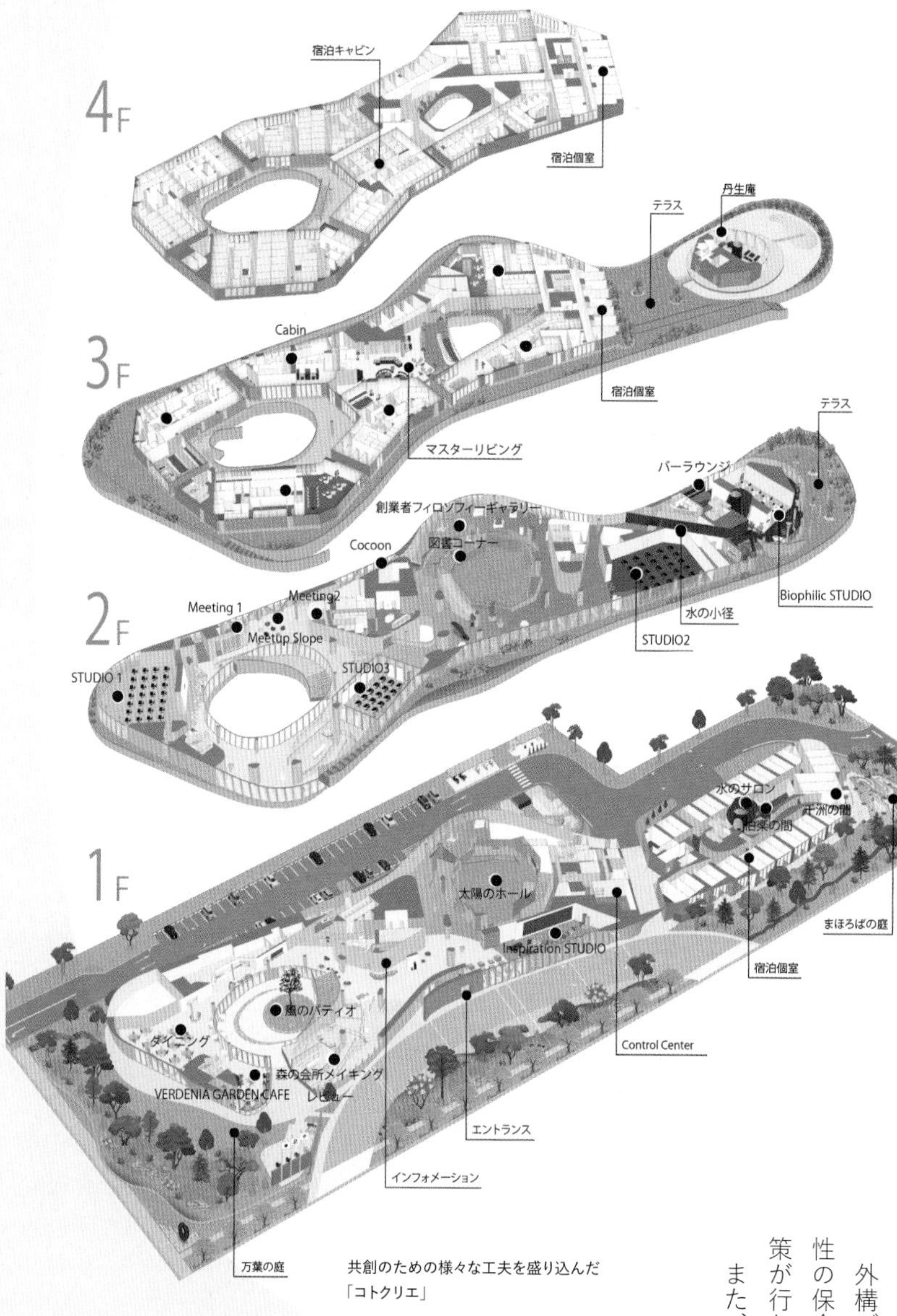

共創のための様々な工夫を盛り込んだ「コトクリエ」

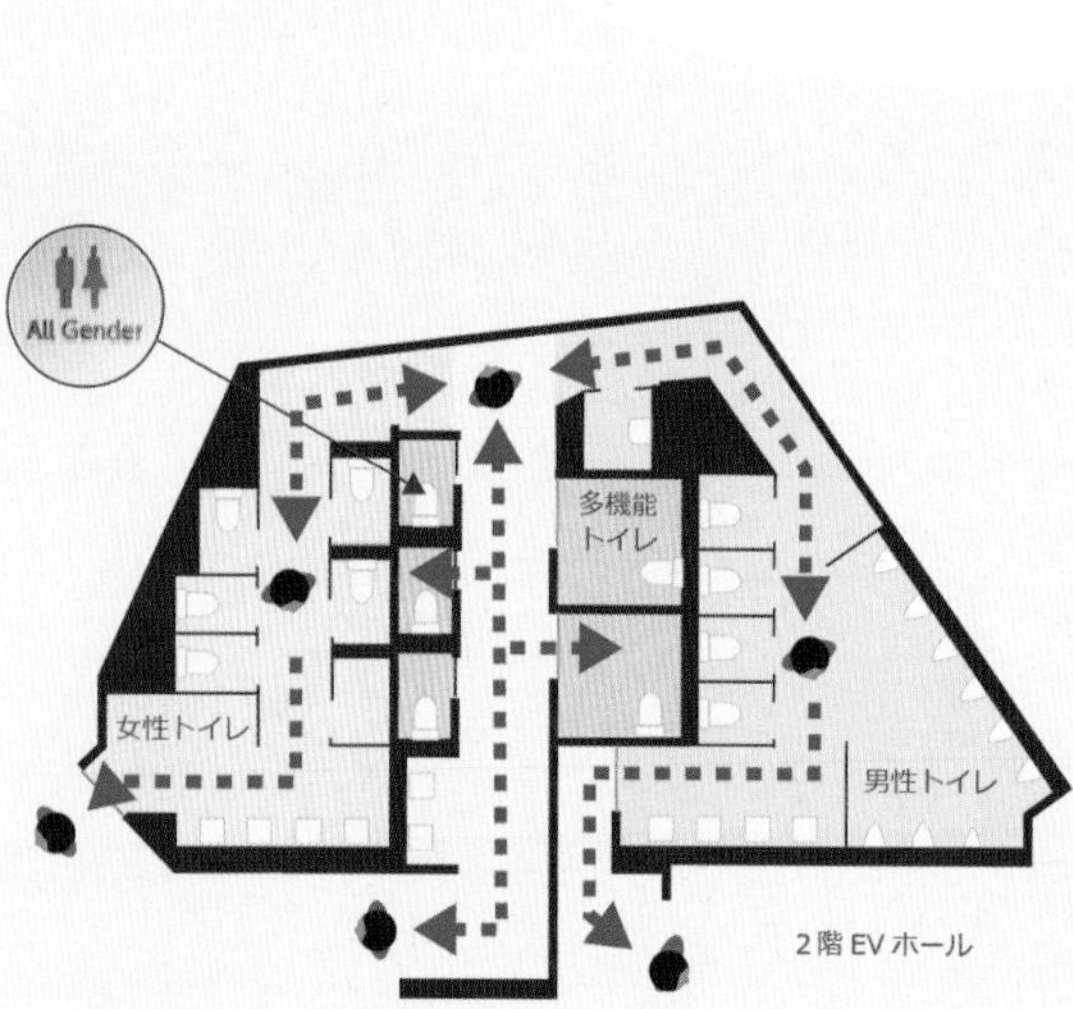

サインや動線を工夫することで、性別に関係なく気兼ねなく利用できるオールジェンダートイレ

## 共創のための空間を形に
## 現代の「会所」を

コトクリエのもうひとつの特徴が共創を生み出すための空間を具現化している点。「森の会所」をテーマに、施設を利用する人々が、自然と集い議論する空間を目指したという。会所とは、室町時代に連歌会など、文芸・遊興の場として使われた場所で、身分を越えて様々な人々が集まった場所である。

　コトクリエでは、会所の役割を現代に蘇らせるための空間づくりを行っている。例えば、コトクリエのシンボル的な施設でもある太陽のホールは、吹き抜けから光が降り注ぐダイナミックで開放的なホール。吉野杉による仕上げで、温かな雰囲気と柔らかな音環境を演出しており、あえて周囲との遮音や暗転ができないようになっている。

　コトクリエの施設全体に言えることだが、共創の場となる場所には明確に仕切られた空間が少ない。用途を決めて、空間を仕切っていくという、従来型の施設にはない空間を形成しているのだ。

　加えて、壁の至る所がホワイトボードになっており、アイデアを書き込みながら議論が行える。ビーズクッションやベンチソファが置かれている場所もあり、場所に捉われることなく仕事や会議を行うことが可能だ。

　1階にあるInspiration STUDIOは、オランダで育まれた脳科学ベースのファシリテーションメソッド「Brain Active」を国内で初めて取り入れた研修室。普段の会議では得られない発見や気づきを生みだすという。

　加えて、サインや動線を工夫し、性別に関係なく気兼ねなく利用できるオールジェンダートイレも設置している。

　SDGsの17の目標の中には、「産業と技術革新の基盤をつくろう」というものが含まれている。大和ハウスグループは、「共に創る。共に生きる。」という基本姿勢のもと、〝人財〟の育成によって産業と技術革新の基盤を構築しようとしている。コトクリエで行われているソフト、ハード両面での取り組みは、〝人財〟を成長エンジンとして、持続可能な社会を実現する事業を興そうという企業に未来への道程を示そうとしている。

壁の至る所がホワイトボードになっており、アイデアを書き込みながら議論が行える

地域住民などとの共育・共創のための取り組みも進めている

INFORMATION

大和ハウスグループ
https://www.daiwahouse.co.jp/

大和ハウス工業株式会社

Better Living for better society

# 安心、安全、そして脱炭素など 住宅部品でつなぐ ミライの暮らし

戸建住宅を建設するためには、1万点を超える部材・部品が必要とも言われている。
マンションなどの集合住宅でも膨大な量の部材・部品が使われる。
こうした日々の暮らしを支える住宅部品が、より良い暮らしを未来へとつないでいく、そんな取り組みがある。

日々の暮らしの中で静かに暮らしを支える住宅部品。その存在を意識したことはあるだろうか。例えばシステムキッチン。その安全性や使い勝手に少しでも問題や不具合があれば、日常の家事に影響を及ぼす。

万が一の時に活躍する住宅部品もある。例えば防災安全合わせガラス。近年、数十年に一度と言われる台風が毎年のように発生し、多くの被害をもたらしている。防災安全合わせガラスは、割れにくく破片も飛散しにくいため、台風時の飛来物衝突被害などを軽減する役割を担っており、非常時にその実力を発揮する住宅部品だ。国の「こどもエコすまい支援事業」の補助対象にもなっている。

しかし、住宅に数多く採用されている住宅部品も、その性能や品質に問題があれば、暮らしを支えることはできない。暮らしに密着した住宅部品だからこそ、安心して使用できる「証」が必要になるのだ。

住宅部品に安心の「証」を与える制度がある。それが、(一財)ベターリビングの優良部品（BL部品）認定制度だ。

## 安心・安全な住宅部品の証「BL部品」

BL部品の認定制度は、生活水準の向上と消費者保護を推進するために、ベターリビングが公正・中立な第三者として「優良」と認められる住宅部品を認定するもので、1974年から実施。現在、65品目が認定対象となっている。認定を受けるには、商品の品質や性能といったハード面だけでなく、アフターサービスが行き届いているか、在庫がしっかりとあるかといったソフト面でも一定の水準をクリアすることが求められる。

認定を受けた住宅部品は「BLマーク証紙」を貼付することができる。加えて、マークが表示された商品には、瑕疵保証と損害補償の両面から安心を担保するBL保険が付与される。第三者の目で住宅部品を評価した上で、保険によって万が

# SDGsの達成にも貢献するBL-bs部品

## 環境にやさしい生活に寄与する特長

### ①環境の保全に寄与する住宅部品

**[目標6] 安全な水とトイレを世界中に**

品目例 便器（超節水型）

**■節水**

従来より節水仕様の製品の認定をしていますが、より節水性能が優れた製品を認定しています。

取替えるだけで節水できていいわ

**[目標7] エネルギーをみんなにそしてクリーンに**

品目例 ガス給湯機（潜熱回収型）、太陽熱利用システム、家庭用燃料電池コージェネレーションシステム等

**■省エネルギー**

給湯機の給湯効率等がより優れた効率の製品を認定しています。また、給湯や暖房をする際に太陽光等の自然由来のエネルギーを使用する製品も認定しています。

快適に省エネできて満足

**[目標13] 気候変動に具体的な対策を**

品目例 サッシ（断熱型）、断熱改修用内装パネル（壁・天井）ユニット等

**■断熱**

住戸内の温熱環境や省エネルギーの観点から、一定の断熱性能を有している製品を認定しています。

### ②優良な住宅ストックの形成・活用に寄与する特長

**[目標12] つくる責任つかう責任**

品目例 改修用サッシ、改修用玄関ドア等

**■ストック活用**

既存枠を撤去する工事が不要なため、低騒音で短工期による省エネルギーの施工が可能な製品を認定しています。

※図中の目標の番号はSDGsの目標に対応しています。

一の事態にも対応しようというわけだ。これまでにこのマークが表示された住宅部品は累計で3億4千万にのぼる。

BLは、Better Livingの頭文字。まさにより良い暮らしを支えるための認定制度である。

## 住宅部品からSDGsの達成に貢献

さらに、社会貢献優良住宅部品（BL-bs部品）という認定制度もある。

BL部品のうち、社会的要請への対応を先導し、より良い社会の実現に貢献するものを認定する制度で、「Better Living for better society」―より良い暮らしを実現していくことが、より良い社会へとつながる―という想いが込められている。まさにSDGsの理念と共鳴する考え方である。

ベターリビングでは、2020年10月に「住宅部品×SDGs宣言」を公表、BL-bsの普及がSDGsの達成につながる取り組みを進めている。

BL-bs部品が社会に貢献するテーマとして―

**(1)環境にやさしい生活に寄与する特長**

①環境の保全に寄与する特長
②優良な住宅ストックの形成・活用に寄与する特長

**(2)安心安全な生活に寄与する特長**

③高齢者・障がい者を含む誰もが安心して生活できる社会の実現に寄与する特長
④防犯性の向上に寄与する特長
⑤健康的な生活の実現に寄与する特長
⑥防災、減災に寄与する特長

**(3)新たな社会的要請への対応に寄与する特長**

⑦家事及び労働の負担軽減に寄与する特長
⑧その他よりよい社会の実現に資する特長

―という8項目を掲げている。

この8つのテーマにそった住宅部品について、BL-bs部品の認定を促していくことで、持続可能なミライの暮らしにつないでいこうとしているのだ。

# SDGsの達成にも貢献するBL-bs部品

## 安心安全な生活に寄与する特長

### ③高齢者・障害者を含む誰もが安心して生活ができる社会の実現に寄与する特長

**[目標10] 人や国の不平等をなくそう**

**[目標11] 住み続けられるまちづくりを**

品目例 ドアクローザ（引き戸用）、住宅用火災警報器　等

**■ 高齢者等対応**

高齢者等を対応として、扉の幅、扉の指はさみを防止する対策、床面の段差等について配慮された製品を認定しています。

開けやすくて
いいね

### ④防犯性の向上に寄与する住宅部品

**[目標11] 住み続けられるまちづくりを**

**[目標16] 平和と公正をすべての人に**

品目例 玄関ドア、面格子、玄関ドア用錠前等

**■ 防犯**

官民合同会議が定めた試験方法で、5分の侵入抵抗を持つ高い防犯性能を有する製品を、防犯性の向上に寄与する特長を有するBL部品として認定しています。

### ⑤健康的な生活の実現に寄与する特長

**[目標3] すべての人に健康と福祉を**

品目例 宅配ボックス

**■健康的な生活**

宅配便などの荷物の受け取りに関して、非接触での荷物の受け取りが可能な製品を認定しています。

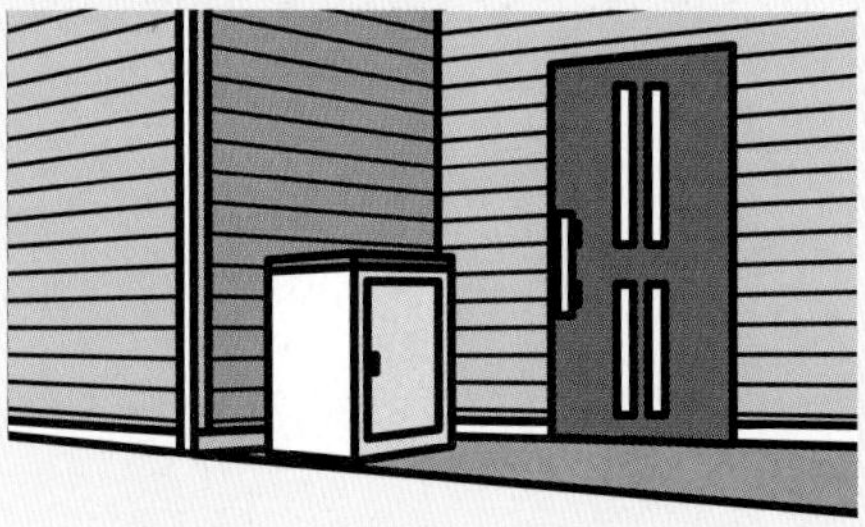

### ⑥防災・減災に寄与する特長

**[目標11] 住み続けられるまちづくりを**

品目例 防災安全合わせガラス

**[目標 13] 気候変動に具体的な対策を**

**■ 防災**

台風等の災害に対するレジリエンスの向上に寄与することを目的とし、飛来物衝突被害や水害および地震、火災などによる被害を軽減する「防災に寄与する特長を有する住宅部品」として認定しています。

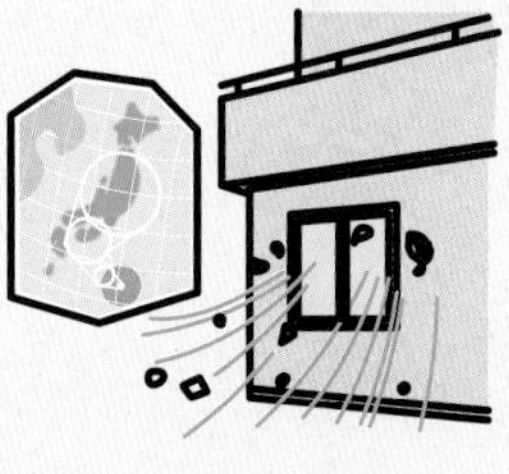

## 新たな社会的要請への対応に寄与する特長

### ⑦家事及び労働の負担軽減と経済性に寄与する特長

**[目標8] 働きがいも経済成長も**

品目例 自動浴槽洗浄システム、宅配ボックス

**■ 家事負担軽減**

共働き世帯の増加や高齢化等により、家事の負担を軽減する住宅部品への関心が高まっていることから、「家事負担軽減に寄与する特長を有する部品」として認定しています。

汚れにくいし
お掃除が
ラクでいいね

※図中の目標の番号はSDGsの目標に対応しています。

# より良い社会、持続可能な暮らしのお手伝いを

（一財）ベターリビング　眞鍋 純 理事長

日々の暮らしを支える住宅部品においても、カーボンニュートラル、災害の激甚化、健康に対する意識の高まり、家事や労働負担の軽減などの多様な社会課題への対応が求められています。広い層からの社会的ニーズに応える部品の認定・普及を図ることが、ベターリビングの大きな責務であると考えています。

例えば、BL部品の認定対象に追加した「宅配ボックス」。かつて一般的な住宅ではあまり見ることはありませんでした。ですが、増大する再配達が社会問題とされ、環境への負荷やドライバーの方の負担を軽減することが重視されています。

共稼ぎで在宅時間の限られるケースや、コロナ禍の中では対面での受け渡しを避けたいとするニーズもあります。宅配ボックスはこうした課題や要請に応える住宅部品であり、単に便利なだけではなく、社会的な意義の高いものとして普及が求められています。ベターリビングでは、宅配ボックスに要求される性能を基準化し、社会貢献優良住宅部品（BL-bs部品）として認定し普及を進めています。

より良い住まい・暮らしの実現と、より良い社会への貢献へのお手伝いができるよう、これからも考え続け、積極的に取り組んでいきたいと思います。

## 「あたたか住まい」で健康に

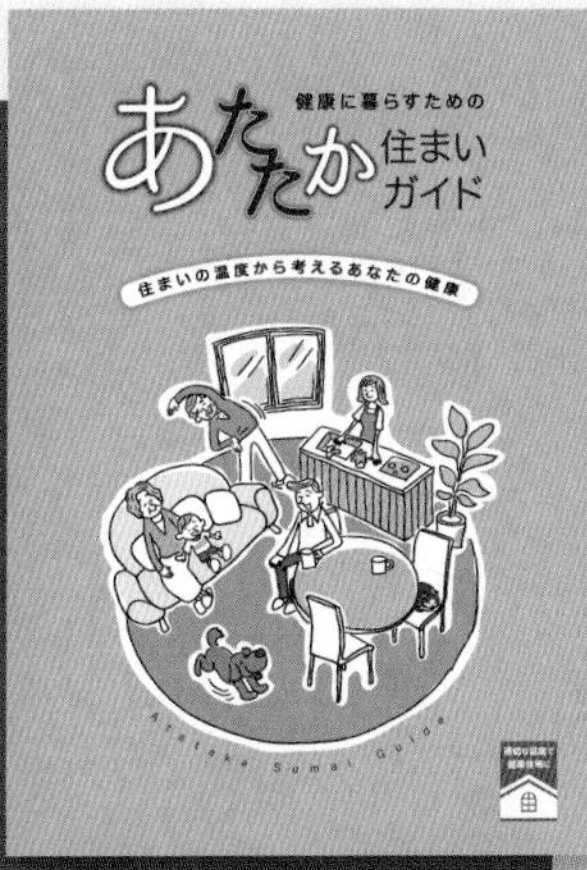


ヒートショックなどによって、1年間に入浴中に急死する人は約1万9000人に達するという推計がある。
そこでベターリビングでは、「健康に暮らすためのあたたか住まいガイド」を発行し、健康に暮らすための注意事項を広く知らせる活動も進めている。
こうした「適切な温度で健康に安心して暮らせる住まい」の実現に向けては、住宅関連事業者団体等による「住宅における良好な温熱環境実現推進フォーラム」が設立され、一丸となって取り組んでいる。ベターリビングはそのフォーラムの事務局も担っている。

「健康に暮らすための あたたか住まいガイド」

「住宅における 良好な温熱環境 推進フォーラム」

## 未来がすくすく。ブルー＆グリーンプロジェクト

ベターリビングとガス業界が共に推進している「ブルー＆グリーンプロジェクト」。
「未来がすくすく」を合言葉にして、脱炭素化に貢献する高効率ガス給湯・暖房機の販売台数に応じて、植樹活動の支援を行っている。
2006年の6月、「ガスで森をつくる」をキャッチフレーズにプロジェクトが始動し、ベトナムでの植樹活動の支援をスタート。約8年にわたる植樹活動で390万本（約2200ha）もの植樹が行われた。
その後、舞台は岩手県陸前高田市の高田松原へと移った。東日本大震災で失われた高田松原の再生に取り組むNPO法人 高田松原を守る会と共に植樹活動に取り組んでいる。2017年から2021年の5年間で約1万本の松苗を提供。2022年4月からは高田松原の保育活動もスタートさせている。
高効率ガス給湯・暖房機の普及と植樹活動によってダブルで脱炭素化に貢献する「ブルー＆グリーンプロジェクト」。植樹された緑たちと共に、未来につながる暮らしやコミュニティをすくすくと育てていくための挑戦は続く。

INFORMATION
一般財団法人ベターリビング
https://www.cbl.or.jp/index.html/

一般財団法人 ベターリビング
より良き住まい　より良き住環境　より良き建築の実現

埼玉県さいたま市西大宮。JR川越線の西大宮駅から徒歩7分ほどの場所に「結美の丘」がある。全54戸の戸建住宅で形成される街で、「人と人、人と街が美しく結び合う街」をコンセプトに開発された。

ポラスグループの中央住宅が手掛けたこの街は、2022年度のグッドデザイン賞において、ベスト100に選出されており、「一定規模の場所が住宅地へ変わる時、そこにいかにして人間的な環境の持続性やコミュニティを生み出せるかが、本来であれば問われるべきだろう。このプロジェクトではその問いに、事業者が一貫して誠実に対峙してきた痕跡が見てとれる」という審査員の評価を得ている。

「結美の丘」は、いかにして「人間的な環境の持続性やコミュニティ」を生み出しているのだろうか。

## 所有から共有へ 価値が持続的に向上する街を形に

「結美の丘」の計画段階から携わってきた中央住宅の設計二部エリア企画プロジェクトの本堂洋一参事は、「日本の住宅地の多くは、竣工した時点の価値が最も高く、そこから経年とともに価値が下がっていきます。『結美の丘』は、竣工時はあくまでも通過点であり、経年とともに街が成熟し価値も高まっていくことを目指しました。そもそも街が完成した時が竣工なのでしょうか。我々が勝手に完成した時を竣工と決めていますが、その街に住む方々にとってははじまりですから」と指摘する。

こうした考えを具現化するために、「結美の丘」には様々な工夫や配慮が実装されている。建物のデザインや植栽に一体感を持たせるだけでなく、さいたま市としては第一号である景観法に基づく景観協定を導入した。

景観協定によって、各住戸は道路からのセットバックや付属建築物の制限の他、定められた樹木の植栽や緑化に関する基準を守る必要がある。例えば、「土

住み続けられるまちづくりを

# 「経年劣化」ではなく「経年美化」住民と共に成長する街のキセキ

ポラスグループの中央住宅が開発を手掛けた「結美の丘」（さいたま市西大宮）。2013年4月に街びらきが行われたこの街が注目を集めている。10年が経過した今でも街は住民と共に成長を続け、「経年劣化」ではなく、「経年美化」する持続可能な姿を具現化しているのだ。

## 街と住民をつなげるワークショップ

### 顔合わせ

街開き・顔合わせ（2013年4月）

街開き・顔合わせ（2013年4月）

### 思い出づくり

思い出のタイルづくり（2013年6月）

メモリアルウォールへの設置（2013年10月）

### 植樹・植栽管理

下草植え込み（2013年5月）

植栽の剪定方法（2013年7月）

樹木の名札の制作と設置（2014年9月）

花苗の植え付け（2015年3月）

## 今でも積極的に行われている住民活動

毎年4月に行われる「住民総会」「景観協定運営委員会」2013年～現在

「第一回住民総会」の様子

「大宮アルディージャクラブハウス」大会議室にて開催

オンラインにて開催

地所有者等は、協定樹木も含めて敷地内に中木と高木を併せて5本以上を管理しなければならない」といった細かな規定がある。

計画時に充実した街なみ景観になるような設計を行ったとしても、その後、コンセプトが引き継がれずに想定したような景観にならないということがある。開発を担当する住宅会社としても、住宅の引き渡し後は住民の意思に任せるしかないため、なかなか景観を損なうような行為を止めることができない。

景観法に基づく景観協定を導入することで、こうした事態を回避することができる。販売時に景観協定の内容を説明し、優れた環境に継続的に住まうことが出来るメリットを購入者に理解してもらうことで、販売後の景観維持を担保することができるようになるのだ。

「結美の丘」では、景観協定に加えて「所有から共有へ」という思想を盛り込んだ仕掛けも取り入れている。最寄駅である西大宮駅から最も近い場所に街へのエントランスとなる部分にシンボルツリー（フイリユキノ）を中心とした広場を設け、そこから街の中心に向けて緑道を通している。この広場と緑道は、住民全員が所有している。つまり、住民が共同で所有する資産を街のなかに盛り込んでいるというわけだ。

## 住民参加型で街を育てる
## シビックプライドの醸成を

住民共有の資産があったとしても、それが適切に管理されなければ経年美化は実現できないだろう。「結美の丘」はこの点にも配慮している。

住民が主体的に共有の緑を育てていくための仕組みとして、景観協定運営委員会を設立したのだ。街を育てていくためのルールや共有資産を設けたとしても、それを運営していく主体がいなければ、全てが絵に描いた餅で終わることさえある。

そこで、住民が輪番制で景観協定運営委員会のメンバーとなり、この委員会を中心として街区内の緑道を管理していくことにしたのだ。しかし、住民側もいきなり「自分たちで管理をしてください」と言われても戸惑ってしまう。

中央住宅では、2013年の春からおよそ2年間にわたり関連するNPO法人などとも連携しながら、ワークショップを開催した。2年間でおよそ11回のワークショップを開催し、植栽の手入れ方法などを住民同士が自然と交流する状況を醸成して

**2021 2022 現在**

いった。

　この2年間を通じて、中央住宅が組織する景観協定運営委員会をソフトランディングしていき、その後住民組織の活動に移行することに成功した。

　こうした街を育てていくための仕組みづくりを検討する上で、参考にしたのが19世紀のイギリスで生まれた「シビックプライド」だったという。その考え方は、「街に対する愛着や誇りは、街を構成する住民が当事者意識に基づき街づくりに参加することで生まれる」というものであるそうだ。

## 街びらきから10年
## ワークショップへの参加世帯はおよそ8割近く

　「結美の丘」の街びらきから2023年4月で10年となる。10年という年月を重ねた「結美の丘」は、木々が成長し、各住戸の庭はていねいに管理されており、まさに経年美化を実現した街なみを形成している。そのことは竣工時と現在の写真を比較すれば明らかだろう。

　また、今でも景観協定運営委員会が中心になり年3回程度のグリーンワークショップを開催しており、住民自ら共有部の植栽の手入れなどを行っているそうだ。

　コロナ禍の2020年に行われたグリーンワークショップでも、54世帯中50世帯が参加するという高い参加率を誇っており、その後も参加率は各世帯の8割前後を維持している。

　間違いなくこの街は成長を続けている。そう感じさせる街なみを眺めていると、本堂参事の言葉が蘇ってくる。そもそも街が完成した時が竣工なのでしょうか—。ちなみに本堂参事は、今でも〝個人的〟に「結美の丘」のワークショップに参加することがあるという。

　住民と共に成長する街の奇跡と軌跡—。住民達が自ら育んできたシビックプライド、そしてグッドデザインの審査講評で「事業者が一貫して誠実に対峙してきた痕跡」と評された中央住宅の事業姿勢が融合した結果の産物なのだろう。

竣工時　2009

INFORMATION
ポラス株式会社
https://www.polus.co.jp/
住まい価値創造企業
POLUS
ポラスグループ

to change the view
of the future

# 窓が変わる、暮らしが変わる、そしてミライを変える

窓を通して日本の住宅事情を見ていくと、今後変革すべきポイントをはっきりと見通すことができる。窓メーカーであるYKK APは、快適で健康的、そして地球環境にも優しい住宅の普及を後押しすることで、ミライの景色に変革をもたらそうとしている。

## 寒すぎる日本の住宅
## 健康被害をもたらす心配も

WHOでは、居住者の健康被害を予防する観点から、冬期の室温を18℃以上に保つことを推奨しており、小児・高齢者はもっと暖かくすることが必要であると指摘している。果たして、日本の住宅は18℃という温度を維持できているのだろうか。

（一社）日本サステナブル建築協会は、実際に断熱改修を実施した住宅の居住者を対象にした大規模な調査を実施している。その調査結果によると、改修前の住宅のほとんどが、WHOの推奨する冬期の最低室温18℃という基準をクリアしていないことが分かった。在宅中の居間の平均室温が18℃を下回る住宅が全体の59%もあったという。在宅中の最低室温では91%の住宅で18℃を下回っているのが実情だ。最低室温の平均値は12・6℃となっている。

近年、日本の住宅が世界的に見ても寒すぎるという実態が明らかになってきている。また、寒い住宅に住んでいることで、様々な健康リスクが高まることも判明してきている。

なにより、寒い住宅で生活を行うためには、より多くのエネルギーを使うことになり、地球温暖化問題をより深刻化させてしまう懸念もあるのだ。

なぜ、日本の住宅は寒いのか。その大きな要因のひとつが断熱性能の低さ。YKK APでは、こうした日本の住宅の問題点にいち早く着目し、窓から住まいと暮らしを変革する取り組みを行っている。

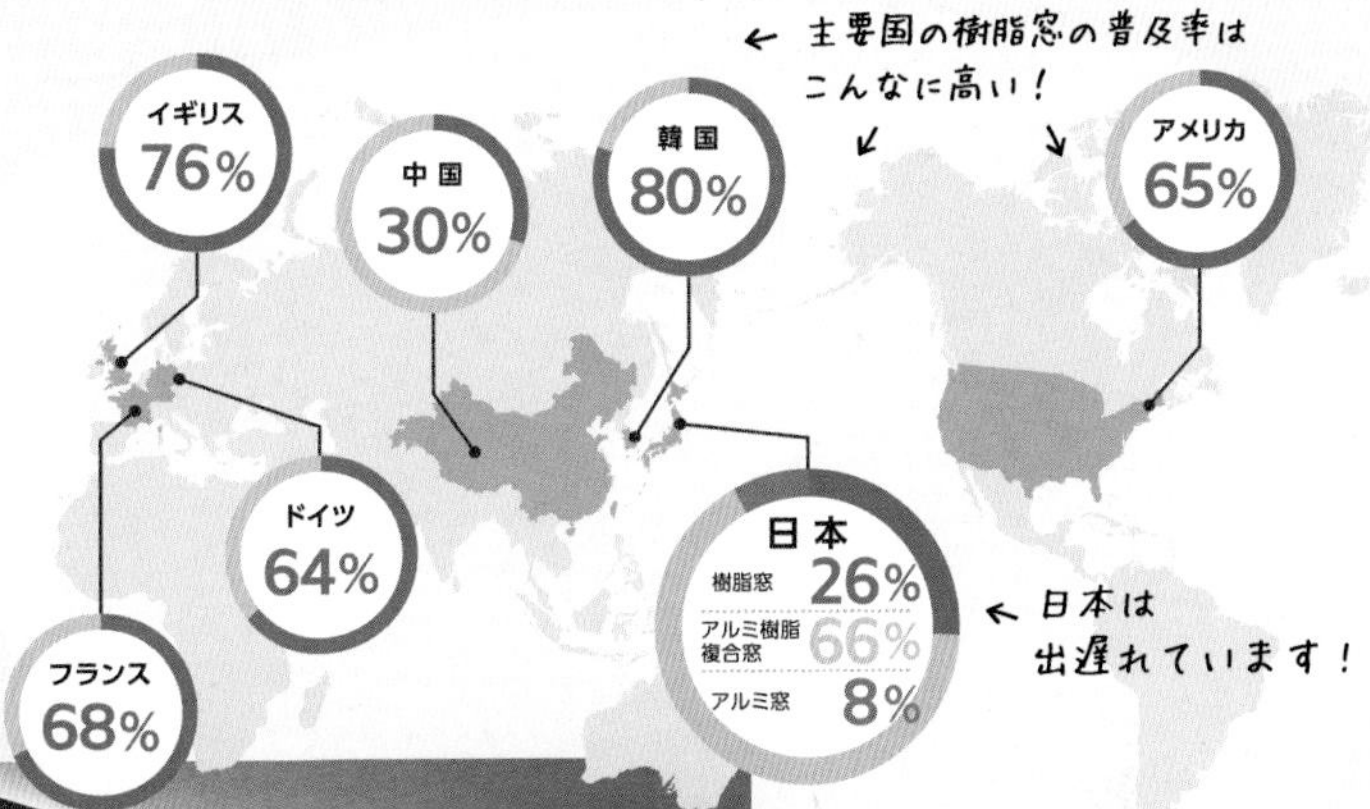

日本の住宅を変革する
樹脂窓「APW」シリーズ

INFORMATION
YKK AP株式会社
https://www.ykkap.co.jp/

## 樹脂窓で日本の住まいを世界標準に

YKK APの試算によると、一般的なアルミの窓では夏場には窓から外部の熱が74%も流入し、反対に冬には50%もの熱が窓を通して室内から室外へと流出しているという。つまり、冬暖かく、夏涼しい住宅を実現するうえで、窓は弱点になりやすいということだ。しかし、窓の面積を減らしていくと、快適性や居住性が損なわれてしまう。窓が少なく、自然の光が差し込まない住宅に好んで住む人は少ないだろう。

だからこそ同社では、弱点となる窓の強化を進めているというわけだ。その一環として推進しているのが、日本での樹脂窓の普及。

樹脂窓については、日本で使用されることが多いアルミ窓よりも断熱性能に優れている。各国の樹脂窓の普及率を見ていくと、アメリカが65%、イギリスが76%、ドイツが64%、フランスが68%、韓国が80%。対して日本の普及率は26%ほど。

いかに日本の窓が世界の常識とは異なっているかが分かるだろう。

YKK APでは、2009年に樹脂窓「APW 330」を発売、日本の窓を変えていくことを宣言した。そこから次々と樹脂窓の新商品を市場に投入。同時に「APWフォーラム」というイベントなどを通じて、住宅業界内外に樹脂窓の必要性を訴えてきた。

こうした取り組みが奏功し、同社の2021年度の樹脂窓の比率は31%にまで達しており、今では業界をリードする存在になっている。

樹脂窓の普及を促すことで、寒すぎる日本の住宅を変えて、より快適で健康的な暮らしを創造していく。そのことは脱炭素社会の実現に向けても重要な意味を持っており、窓を通じてミライの景色を変えていくことさえできるだろう。

樹脂窓で日本の住宅性能を世界標準レベルにまで引き上げていこうというYKK APのチャレンジは、ミライの持続可能な暮らしを創造するための挑戦でもある。

# 理想の暮らしのために、高性能な住宅に頼るという選択。

理想の暮らしを自ら切り拓いていこうとする時、住まいは心強い見方にもなるし、手ごわい敵にもなる。暮らしかた冒険家の伊藤菜衣子さんは、実体験を通してそのことを表現している。「性能が低い住宅は人を不幸にする」という伊藤さんに、住まいを味方につけて、理想の暮らしを実現する秘訣を聞いた。

（聞き手・YKK AP窓事業推進部　石川創部長）

暮らしかた冒険家
**伊藤 菜衣子 さん**

「未来の"ふつう"を今つくる」をモットーに暮らしにまつわる違和感をアップデート。SNSとリアルを泥臭く奔走し未来の暮らしを手繰り寄せていく様を、坂本龍一氏は「君たちの暮らしはアートだ」と評す。映画「別れかた暮らしかた」、著書に編集と執筆を手がけた「あたらしい家づくりの教科書」など

聞き手
YKK AP
営業本部 住宅商品企画部 窓事業推進部
**石川 創 部長**

## 暑くて寒い住宅は「不幸」

**石川**　なぜ、伊藤さんが住まいのことをより深く考えるようになったのですか。

**伊藤**　熊本に移住した際に古民家を自分たちでリノベーションして住んでいました。ビジュアル的には満足いく住まいになりました。Airbnbに情報を出すと、海外のオシャレな人たちがすぐに泊まりにくるくらいイケてる感じの建物に仕上がったのです。ただ、とにかく暑くて寒い。その時に家が寒くて、暑いということは「不幸だな」と痛感したのです。

今では当時のことを「ビジュアル系時代」と呼んでいます（笑）。

**石川**　その時に住まいの性能について意識したわけですね。

**伊藤**　そうですね。それまでは住まいにも性能があるということを意識していませんでした。

そこから、次は札幌に住むことになります。熊本での様子を知った坂本龍一さんが「君たちの暮らしはアート」だと言ってくれて、札幌国際芸術祭2014で私たちの暮らしそのものをアートとして発表することになったのです。それで札幌の住宅のリノベーションをはじめ理想の暮らしづくりをすることになりました。

**石川**　面白い経験ですね。札幌の家は購入したものですか。

**伊藤**　元実家です。親が転勤してから借家にしていた家です。

**石川**　熊本での経験を生かして、札幌の住まいは徹底的に高性能化を図ったそうですね。

**伊藤**　熊本での経験以降、高性能住宅について色々な方々の話を聞き勉強しました。札幌の家でも内装はDIYでリノベーションしましたが、断熱改修などはプロにお願いしました。

## 高性能住宅で子どもの夜泣きも減る

**石川**　札幌の家は断熱性能に優れた住宅だったそうですが、暮らしは変わりましたか。

**伊藤**　温度のことでここまでストレスを抱えて暮らしていたのかと気が付きました。冬の朝に「布団から出たくない」といった感情がなくなりましたから。皆さんが思っている以上に、暑い・寒いがもたらす悪い感情は多いと思います。

体調の変化もすぐにわかるようになります。家のなかの室温がほぼ一定なので、寒く感じる時は「風邪ひいたかな」と考えるようになるのです。

子どもの夜泣きもほぼなかったんです。これは非常に有難かったです。「次男はもともと夜泣きが少ない子どもなのかな」とも思いましたが、実家に

帰ると夜泣きするのです。長男は寝相もよくなりました。

**石川**　熊本で住宅の性能の大切さに気付いて、札幌の家で高性能住宅の有難さを知ったわけですね。伊藤さんのような経験を誰もができると、住宅にとって性能がいかに重要かを理解できるのでしょうが…。

**伊藤**　確かに私のような経験はなかなかできないかもしれませんが、例えば賃貸住宅であっても色々と試せることはあります。日本人は、どうしても与えられたままの状態で家に住んでしまいますが、「どうしたら快適になるんだろう」と考えて、色々とチャレンジしてみたらいいのではないでしょうか。

　熊本の家は賃貸でしたが、表面温度を計測できる機械を買って、壁や窓の温度を図りながら、色々と挑戦してみました。「この温度が低いから寒くなるのかー」とか考えながら、ホームセンターなどで売っているアイテムなどを試していました。

　札幌の家では、絨毯壁をはがしてみたら凄く寒くなったということがありました。しくじることも沢山ありましたね。

　ただ、しくじりながら自分で考えて住まいに工夫を施していくと、どうすれば快適な温熱環境になるのかということが体感的に分かってきました。その経験は北海道のリノベーションにもつながりました。

　家づくりは、どうしてもプロの方が知識も技能は多いので、住宅取得する際に施主はおまかせにしがちです。快適な暮らしを実現するための工夫をしていくと、自分なりの意見を言えるようになるはずです。

**石川**　今は愛知県岡崎市の新築住宅に住んでいるそうですね。設計はエネルギーまちづくり社の竹内昌義さんにお願いしたそうですね。

**伊藤**　熊本の住宅が寒すぎて困っていた時に竹内さんにエコハウスのことを教えてもらって、それから色々な相談をしていました。今の住まいを新築する時に、絶対に高性能かつオシャレな住宅にしたいと考えて、竹内さんに設計をお願いしたのです。

　設計を検討する際にも、私がこれまでの体験で得た考えをお伝えするようにしました。

　完成した住宅は、$U_A$値が0・27という断熱性能を備えており、一定の温度のなかで暮らせるものになりました。人生で初めての新築住宅ですが、本当に快適で満足しています。

## 住まいを暮らしに合わせてアップデートする

**石川**　これまでの経験があったからこそ、自分の暮らしにあった理想の住まいを実現できたわけですね。

**伊藤**　日本人は住まいを暮らしに合わせてアップデートすることが苦手なように思います。逆に家に暮らしを合わせながら生活していることも少なくありません。能動的に家と関わっていないから、住まいの性能にも意識的になれない。寒くても「仕方ない」とアップデートをしようとしません。これでは本当の意味での豊かな暮らしは実現できないのではないでしょうか。

　岡崎の家を作る時に、「私は家に頼るしかない」と考えました。もっと仕事をしたいと思っていたので、例えば子どもの夜泣きが酷いと自分が寝不足になり困るわけです。でも高性能な住宅に住むだけで、このリスクを減らせる可能性がある。そう考えると、断熱性能を向上するということは、非常にコストパフォーマンスが高い行為ですよね。

　さらに言うと、高性能住宅に住むということは、自分もどんどん幸せになるだけでなく、地球環境にもやさしい。環境にやさしい行為を行おうとすると、ちょっとした我慢を強いられることもありますが、高性能住宅は違います。住み手が幸せになるほど、地球環境問題の解決にも貢献するわけですから。

**石川**　住宅の断熱性能というのは、光熱費が下がるといった効果を生み出すだけでなく、それ以外の側面でも暮らしに大きな影響を及ぼします。そのことをしっかりと伝えていくことも、我々のような住宅建材を販売するメーカーの役割だと、伊藤さんのお話を聞きながらあらためて感じました。本日はありがとうございました。

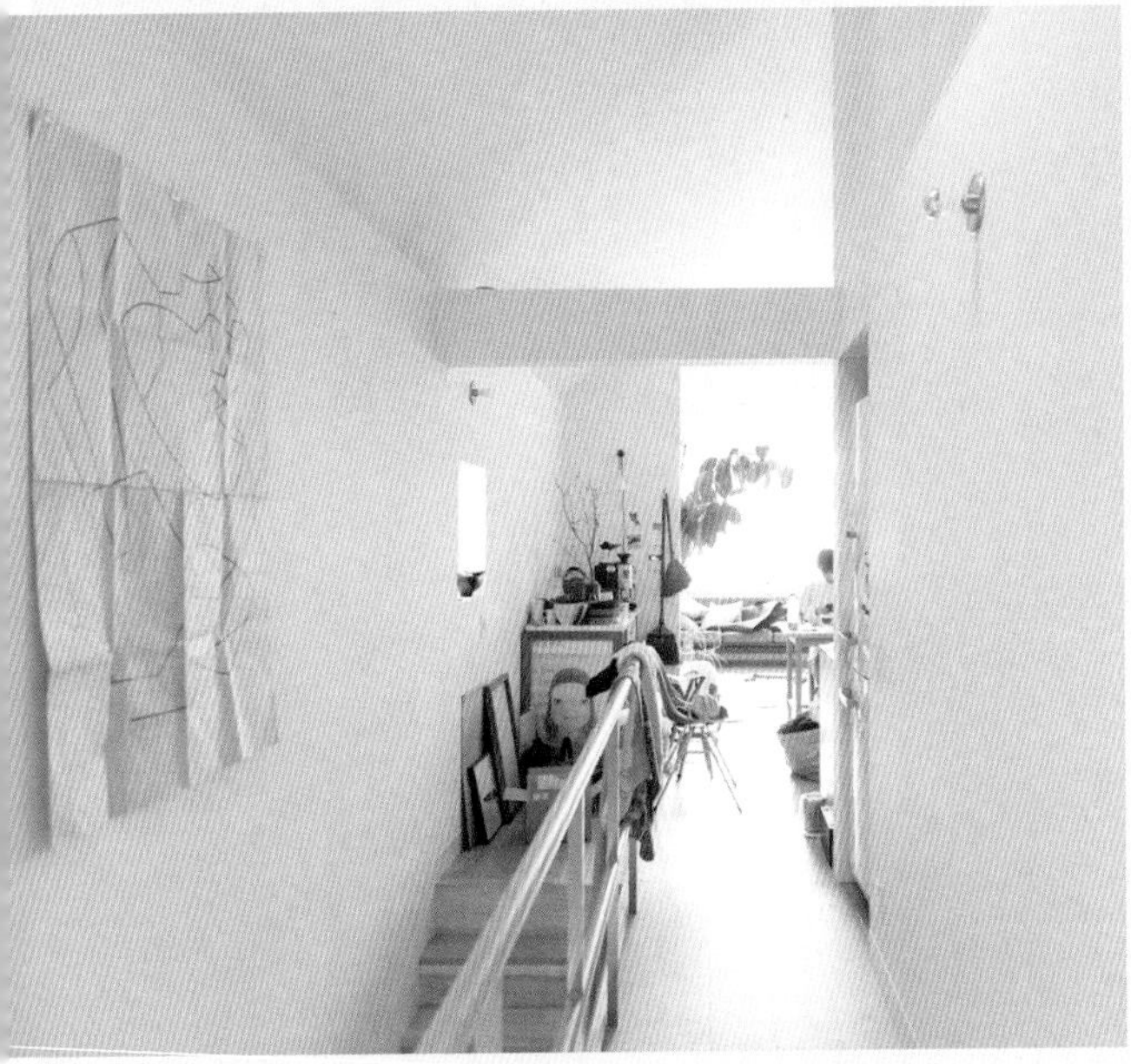

伊藤さんの岡崎市のご自宅。熊本、札幌の経験を生かした超高性能住宅に

貴重な国産広葉樹を
ていねいに使いきるために…

# 床から日本の山を変えていく

日本の山では貴重な存在になりつつある広葉樹。
しかし、その95%が伐採された後は燃料チップ等に利用されることが多く、
持続可能性を阻害しているという指摘もある。
貴重な国産の広葉樹をていねいに使いきる—。そのためのチャレンジが行われている。

針のような葉を持つ針葉樹、広く扁形した葉を広げる広葉樹。日本の山にある樹木は、大きくこの2種類に分けられる。戦後に植林された人工林には、主にスギなどの針葉樹が植えられている。建築材料として利用される国産材も、その多くは針葉樹。

対して広葉樹は、一般的に針葉樹よりも硬くて丈夫という性質があるものの、住宅用の建材として使用することが難しい。広葉樹はスギやヒノキなどの針葉樹と異なり、伐採量が非常に少なく、安定的に調達することが難しいからだ。加えて、市場などに出回る広葉樹の多くは、小径木がほとんどで、曲がりがあるものも多い。そのため、伐採された広葉樹の多くは燃料用のチップなどに加工されてしまう。

長い年月をかけて二酸化炭素を吸収しながら成長してきた広葉樹。その多くが燃料チップとして燃やされてしまい、一瞬にして固定してきた二酸化炭素を大気に排出してしまっているのだ。

こうした状況は、持続可能な森林経営を阻害する要因にもなっている。どんなに立派な広葉樹であっても、丁寧な選別が行われることなくチップになってしまうことで、山側に十分な利益を還元することが難しくなるからだ。

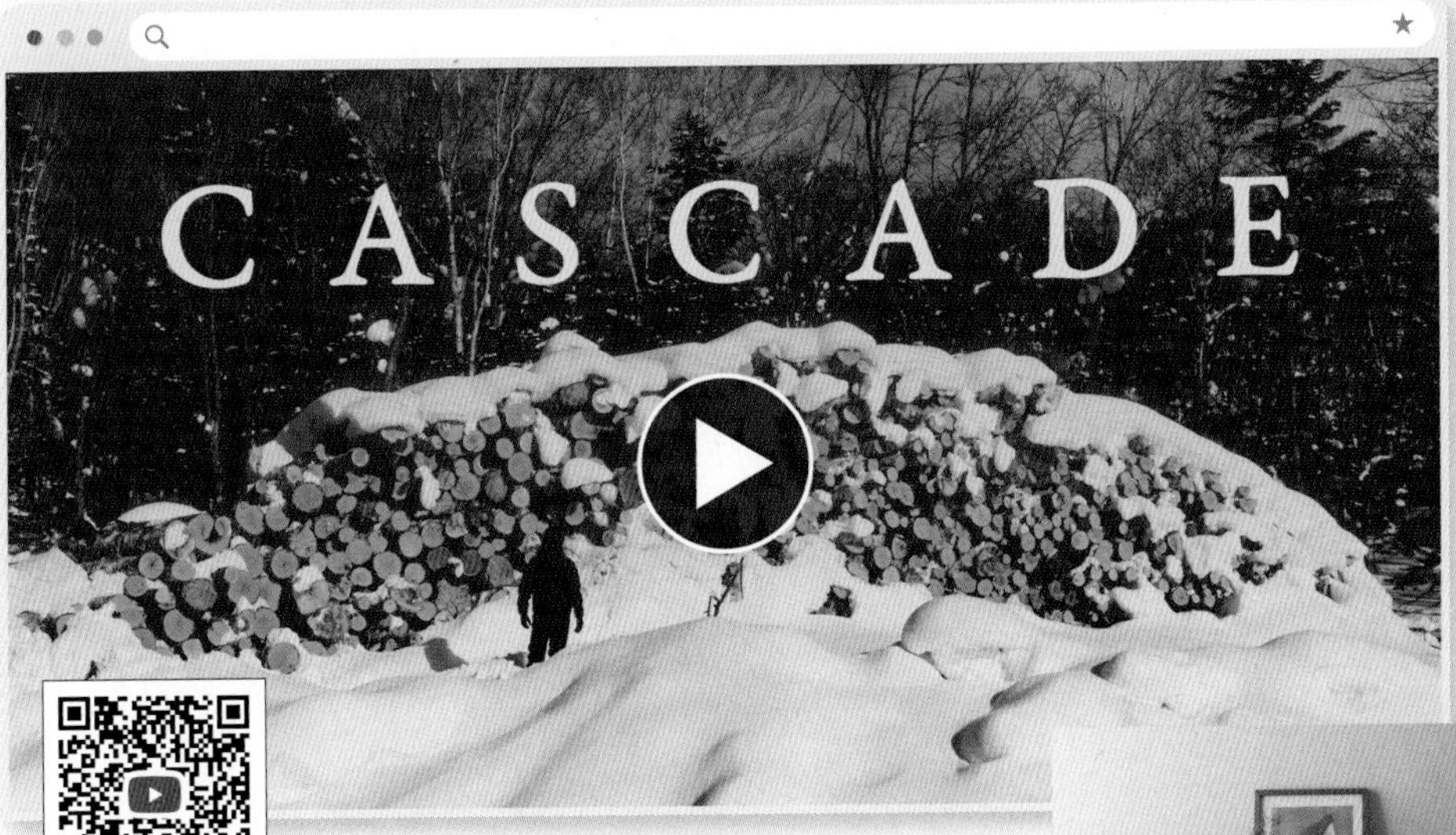



北海道の広葉樹林（ナラ）での調達の様子や、商品開発の背景、想いをまとめた「ライブナチュラルプレミアム オール国産材」紹介動画をYouTubeで公開中。

INFORMATION

朝日ウッドテック株式会社
https://www.woodtec.co.jp/

木と人がつながる未来をつくる。
WOODTEC
朝日ウッドテック株式会社

表面化粧材に国産広葉樹を採用した無垢材挽き板フローリング「Live Natural Premium オール国産材」。ウッドデザイン賞2022も受賞している。

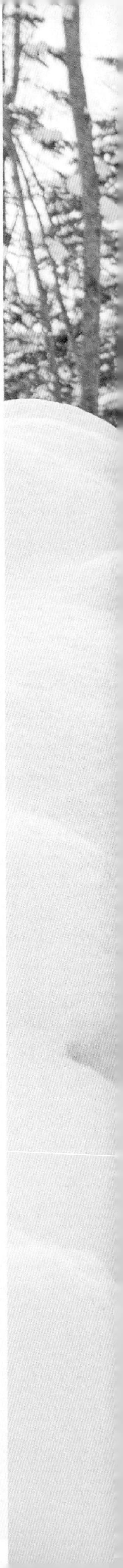

## 独自の調達ルートと技術で広葉樹をフローリングに

こうした状況に一石を投じたのが、朝日ウッドテックだ。

同社では、無垢材挽き板フローリングである「Live Natural Premium（ライブナチュラルプレミアム）オール国産材」を2022年10月に発売。このフローリングは、基材から化粧材まで全てに国産材を使用している。

基材には、国産ヒノキ合板と国産材単板を組み合わせたハイブリッド合板を採用。

そして、表面化粧材には、国産のナラ、セン、クリ、ヤマザクラ、ヒノキという5樹種の挽き板を使用している。ヒノキ以外は広葉樹であり、針葉樹にはない意匠性を実現している。

同社では、かねてから広葉樹の建材利用を図っており、独自の調達ルートを構築している。この調達ルートがあるからこそ、広葉樹をフローリングに採用することが可能になった。

加えて、小径木や曲がりがある広葉樹からとれる幅の狭い材料でも化粧材に活用できる技術を独自に開発した。1枚の床材を幅・長さの異なる8枚のピースで構成することで、木材の太さや曲がりの有無に関わらず活用できるようにしたのだ。

同社取締役の山本健一郎マーケティング部長は「日本の森林蓄積量比率を見ると広葉樹がおよそ3割を占めているが、建材に使う国産材といえばスギ、ヒノキといった針葉樹というイメージがある。一方、広葉樹は伐採量の約95%がパルプや燃料のチップになっている。我々が広葉樹の利用を率先して行うことで、その意義と良さをプロユーザーからエンドユーザーまで伝えていく。国産広葉樹の建材といえば朝日ウッドテックというイメージを確立し、日本の山全体を元気にしていきたい」と話す。

国産広葉樹をていねいに使いきることで、床から日本の山を元気していく――。朝日ウッドテックの挑戦が続く。

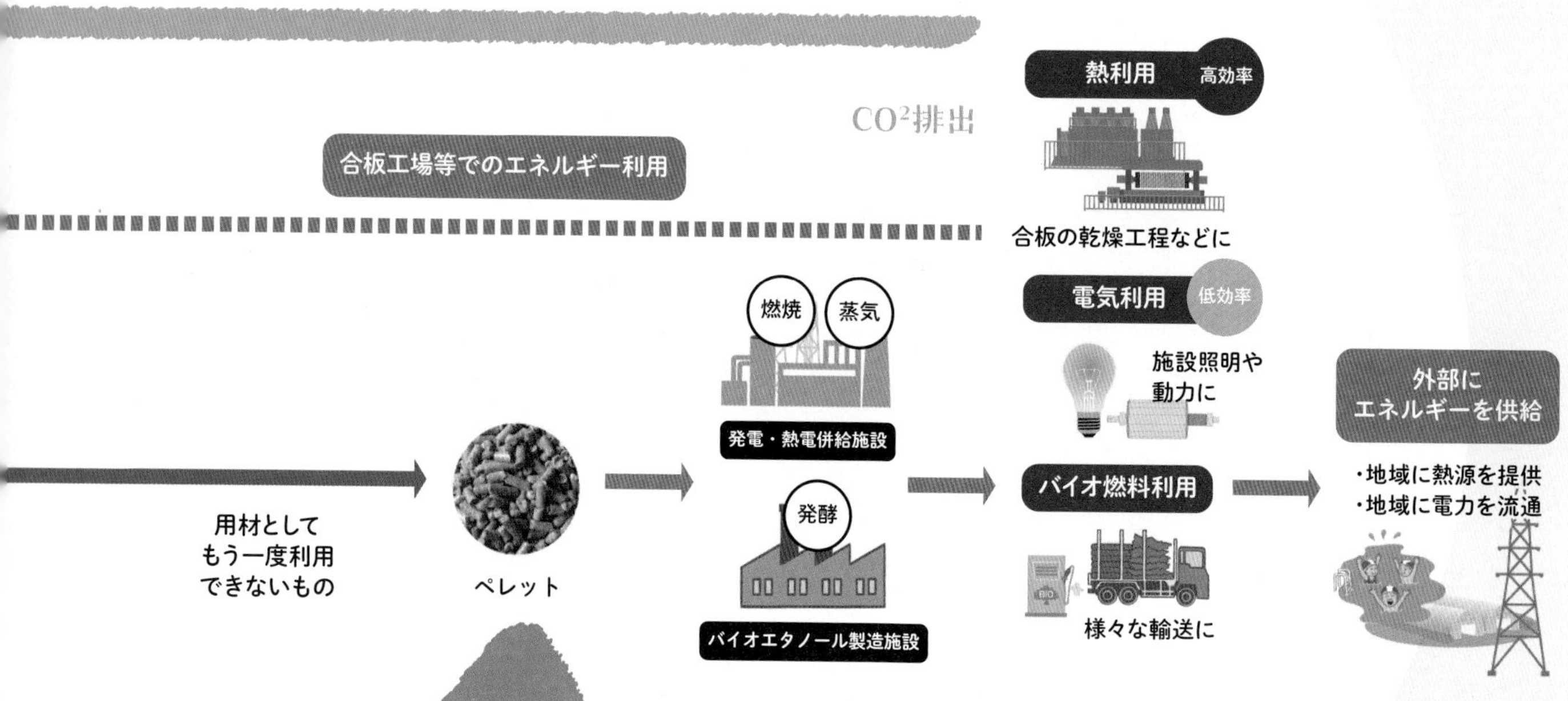

とことん
木を使おう!!

# 木質資源の循環利用を支える合板のはなし

使って、植えて、育てる—。このサイクルを持続的に維持していくことができれば、石油などの化石燃料とは異なり、木材は再生可能な天然資源となる。この木質資源を巡る好循環を続ける中で、合板という素材が重要な役割を担っていることをご存じだろうか。

現在、日本国内では国産材を利用しようという機運が高まっている。戦後に植林された人工林には、スギをはじめとして、伐採期を迎えた大量の木材資源が出番を待ち続ける。

木は二酸化炭素を吸収・固定し、酸素を作り出すため、地球温暖化対策としても有効だ。しかし、伐採期を迎えた木は、成長期よりも二酸化炭素の吸収量が低下する。そのため、計画的に伐採し、有効活用した後に、新たな植林を行い、次世代のために木質資源を育てていくというサイクルを構築していくことが重要なのだ。

このサステナブルな輪がつながると、木は再生可能な資源となる。石油などの化石燃料は一度採ってしまえば再生することが難しいが、木は人間の手によって再生することができる。

伐採した木材をとことんまで使いきることも考えなくてはいけない。なぜなら木は伐採された後も、二酸化炭素を固定し続けるからだ。

長い年月をかけて成長した木を大切に長く、そして丁寧に使い切る—。例えば、建物を解体する際に発生する木質系の廃棄物。それらを再利用（マテリアルリサイクル）できれば、木が固定している二酸化炭素が大気中に放出されることはない。そして、最終的に燃料として再利用（サーマルリサイクル）することで、自然からの恵みを余すことなく利用できる。

木という再生可能な天然資源をとことんまで使いきる。その上で、重要な役割を担っているのが合板だ。

戦後復興の中で合板の国内生産量は急激に増加し、当時、原料の調達先を東南アジアの天然広葉樹木材へと求めた。その後、地球環境問題が深刻化する中で、有限な資源である熱帯の天然広葉樹木材から、針葉樹木材への原料転換を図ったという歴史がある。

スギなどの人工林が利用期を迎える中で、一般用材として使いにくい間伐材や小径木などの木材が合板として積極的に活用された。２０２１年時点で、合板用原木の92％（約４６６万㎥）が国産材となっている。

住宅や家具などに利用された木材・合板は、廃棄段階になると新たな道を歩むことになる。合板を製造する過程で出る剥き

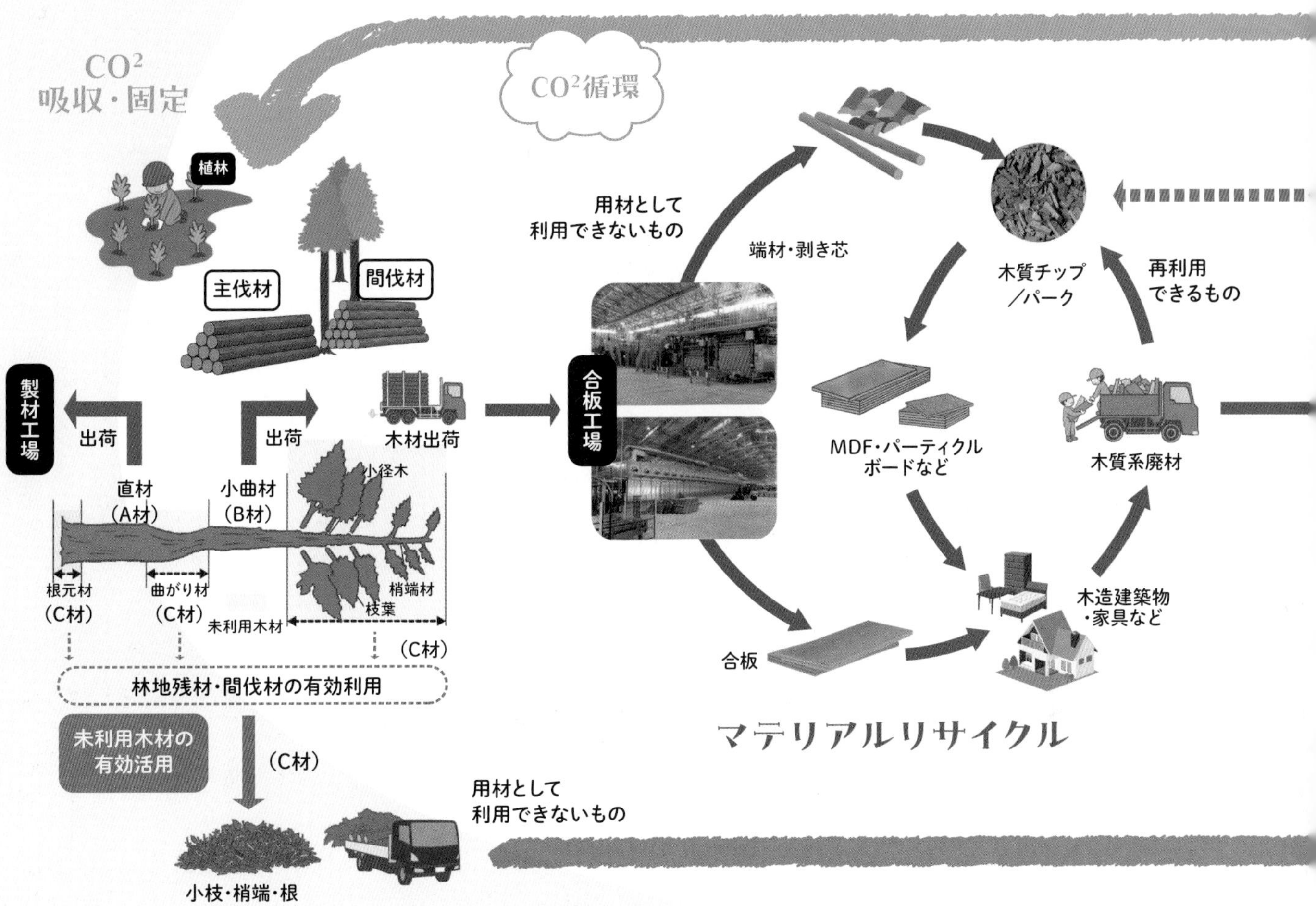

合板は住宅建築で様々な用途に
利用されている

木質資源の有効活用に貢献する合板

芯や合板の端材などとともに、パーティクルボード（PB）や中質繊維板（MDF）といった新たな木質系の材料に生まれ変わるのだ。再利用のできないものは、バイオマスエネルギーとして発電資源として利用される。

　自然から頂戴した木をとことんまで使い切る―。合板は、こうした想いが結実した材料でもあるのだ。

**INFORMATION**

日本合板工業組合連合会
https://www.jpma.jp/

JPMA 日合連
日本合板工業組合連合会

2022年4月から施行になったプラスチック資源循環法。この法律では、コンビニエンスストアなどに対して、無料で提供している使い捨てプラスチック製品の削減目標を設定し、使用量を減らすことを求めており、例えばプラスチック製のスプーンなどに関する今後の対応が話題になっている。

また、3R+リニューアブル（Renewable）という基本原則を打ち出したことでも注目された。3Rとは、リデュース（Reduce）・リユース（Reuse）・リサイクル（Recycle）の総称。リデュースは無駄なゴミを減らす、リユースは繰り返し使用する、リサイクルはゴミを資源として再利用する。そして、リニューアブルとは再生可能な資源に変えていくことを指している。プラスチック製のストローを紙のものに変更していくような取り組みのことだ。

**Fukuvalueで行き場を失った廃棄物の再価値化も**

フクビ化学工業では、3R+

Reduce Reuse Recycle Renewable
そして Revalue

# 4R＋再価値化（=5R）で地球を、クマなく想う。

脱炭素社会の実現に向けて、有限な資源を徹底的に有効利用することは不可欠である。こうしたなかでプラスチック製の建材などを製造・販売するフクビ化学工業では、一歩踏み込んだ資源の循環利用を推し進めている。

リニューアブルにリバリュー（Ｒｅｖａｌｕｅ：再価値化）を加えることで、プラスチック製品などの環境価値を最大化しようと試みている。

プラスチック製の建築資材の製造・販売などを手掛ける同社は、業界でもトップクラスの樹脂加工に関する技術力を誇る。建築資材のなかにはプラスチック製のものも多いだけに、自然と共存する樹脂製品のあり方を具現化することが強く求められている。

そこで同社では、２０２２年８月に環境配慮型商品ブランド「Ｆｕｋｕｖａｌｕｅ（フクバリュー）」をスタートさせた。環境ブランドの認証基準を設定し、全ての新商品について企画・開発の段階で環境性能を厳正に評価する仕組みを整えたのだ。

そして、認証基準には先述の３Ｒ＋リニューアブル、さらにはリバリューの考え方を盛り込んでいる。

例えば、工場廃材を有効活用したフリーアクセスフロアやプラスチック廃材を利用した瓦桟は、リデュースやリサイクルの推進につながる。また、分解や分別が行いやすい製品設計を導入し、将来的に廃棄段階になった際にもリサイクルが行いやすいよう配慮している。

バイオマス材を使うことでリニューアブルも図っているほか、製品設計の段階で徹底的に使用する素材の見直しなどを実践している。

さらには、海洋プラスチックゴミで問題となっている漁網や車のエアバック、結束バンドなどからリサイクルされた環境配慮性のある再生ナイロンを原材料に用いる。

例えば、乾式二重床の主力製品であるフリーフロアＣＰシリーズでは、一部の製品でボルト原材料を再生ナイロンに変更。また、工場で出る壁紙のビニールクロス廃材などの行き場を失った資源のリバリューを行う。

ちなみに、フクビ化学工業のシンボルマークはクマ。創業者の八木熊吉氏に由来したものだ。

創業以来、社会に求められる製品を世の中に送り出し、日本を代表する開発型のプラスチックメーカーにまで成長した同社だが、「地球を、クマなく想う。」ために、未来の地球の姿を想い、今できることを推し進めようとしている。その羅針盤的な存在こそが、Ｆｕｋｕｖａｌｕｅである。

FUKUVI SUSTAINABLE PRODUCTS

## Fukuvalue

01

リサイクルにつながる商品

「作って、使う」の先まで考えて

### リサイクルをつなぐものづくり

工場廃材を有効活用したフリーアクセスフロア

クリーンOAフロア TNシリーズ

プラスチック廃材を性能改良し製造した瓦桟

エコランバー

02

バイオマス材を使用した商品

地球を想う、やさしい素材

### バイオマス材を使ったものづくり

間伐材を使った再生人工木

PLUSWOOD

『紙』と『とうもろこし（澱粉）』を使用したエコ断熱材

フクフォームECO

03

素材から、クマなく見つめ直します

### 製品設計の工夫で「減らす」を追求

04

Revalue（再価値化）した商品

行き先を失った資源の新たな可能性をクマなく探る

### 廃棄物の新たな価値づくり

海洋プラスチックごみ「漁網」を再利用した乾式二重床

環境配慮型フリーフロアーCPシリーズ

ビニールクロス廃材を有効活用した床衝撃音遮音粒材

サイレントドロップ

INFORMATION

フクビ化学工業株式会社

https://www.fukuvi.co.jp/

FUKUVI

# 課題解決型の複合開発で地域の魅力と持続可能性を高める

少子・高齢化、空き家、空き地問題の進展などを背景として、さまざまな自治体が持続可能なまちづくりを目指している。
持続可能なまちづくりを実現するために、何が必要になるのだろうか。
ミサワホームでは課題解決型の複合開発を通じてこの課題の解決に挑む。

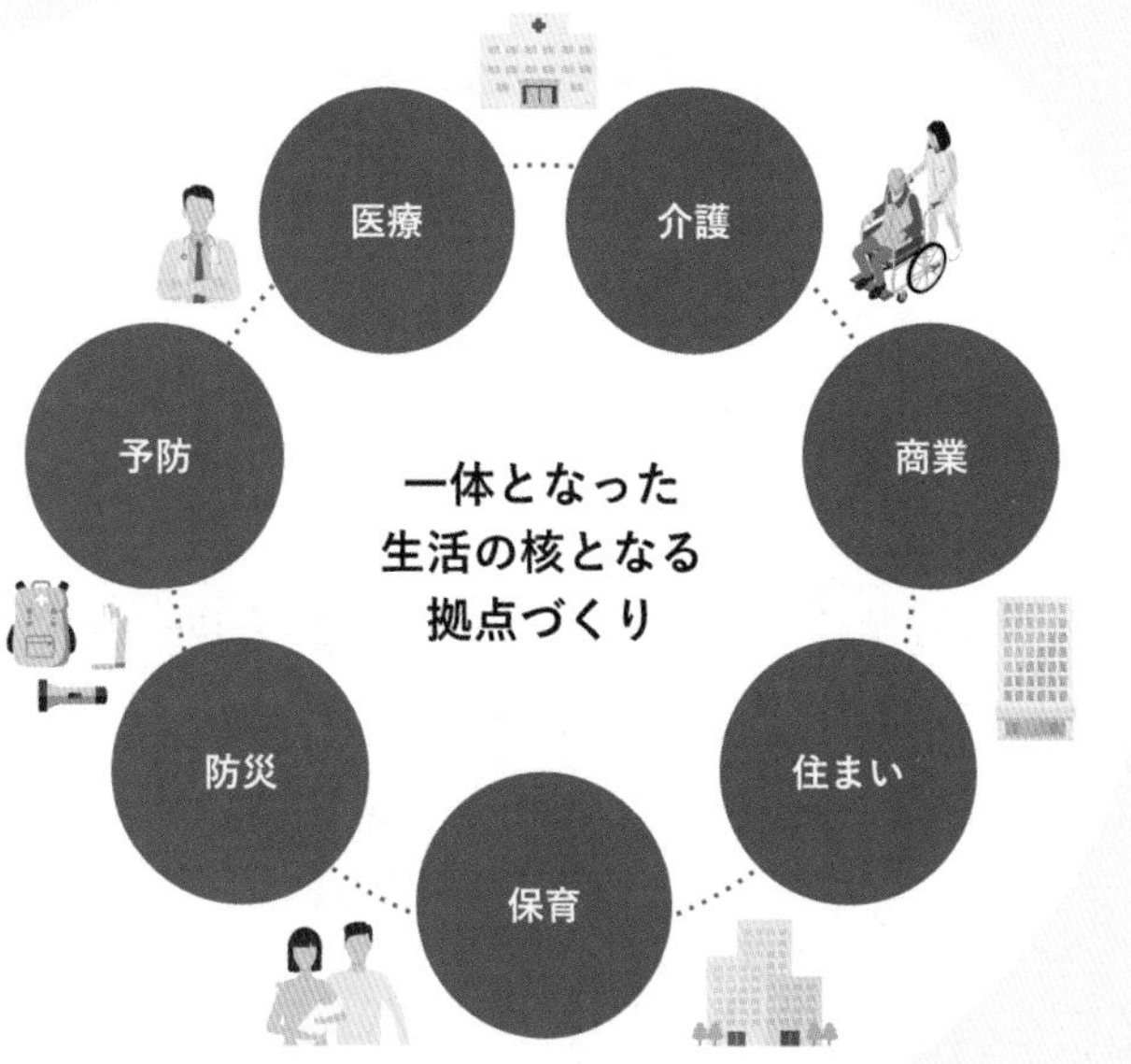


少子・高齢化、空き家、空き地問題の進展などを背景として、さまざまな自治体が持続可能なまちづくりを目指し、コンパクトシティ化に向けた取り組みを進めている。これには既存のストックを有効活用していくことが大前提となるが、住民にとって魅力あるインフラを整備することも求められるだろう。

ミサワホームは、こうした地域や社会の課題に向けてまちづくり事業「ASMACI（アスマチ）」を通じて解決策を導き出そうとしている。「ASMACI」には「〝明日を楽しく、明日を元気に〟」などの思いが込められているという。地域が必要とする複数の機能を集約して整備し、連携させることによって〝多世代の人々が集い賑わう未来型のまちづくり〟だ。

## 医療機関を核に安心と賑わいを創造する

千葉県浦安市。この地に「ASMACI」の第一号である「ASMACI浦安」がある。「ASMACI浦安」は、医療法人社団やしの木会が運営する浦安中央病院に併設した、医療・介護・子育て・防災・住まい・商業という機能を備えた複合拠点。単なる民間事業ではなく、行政とも連携して、医療法人社団やしの木会浦安中央病院・浦安市・京葉銀行・ミサワホームという4者が協定を結び、病院も含めた共同で一体的な開発を進め、2018年に完成した。

浦安中央病院はもともと別の場所にあったが、建物の老朽化に加えて東日本大震災の影響もあり、安全性の確保、経営の持続のため病院移転を模索していた。また、浦安市の課題として、高齢者の相談窓口の設置や子育て環境の整備を推進したいというニーズがあったという。移転用地を探すことも含め、病院や浦安市の要望をつぶさに聞きながら、多世代にとって利便性が高い地域活性化につなげる開発計画が求められていたのだ。

「ASMACI浦安」には、調剤薬局一体型のコンビニエンスストア、クリニック（小児科）、地域包括支援センター、認可保育園、病児・病後児保育、地域安全安心拠点などがテナントとして入居。さらに3階から6階には子育て世帯やシニア世帯に配慮した賃貸マンションを整備した。ミサワホームは、プロジェクトの全体監修や病院の設計監理を担当。自らも投資する形で参画し、「ASMACI浦安」は保有物件として運営も行う。

第2弾として隣接する敷地に「LUMISIA浦安舞浜」というアクティブシニア向けの分譲マンションも整備したほか、旧浦安中央病院の跡地をミサワホームが買い取り、「ASMACI浦安富岡」という医療介護複合施設も建設した。跡地と移転地は1km圏内にあり、連携が図れるようになっている。

「ASMACI浦安」は電車を利用する観点では利便性に優れた場所ではない。しかし、病院を中心とした複合開発によって賑わいが生まれ、「ASMACI浦安」の賃貸住宅も満室状態が続いているという。

## 地域全体の価値を高める開発

ミサワホーム街づくり事業本

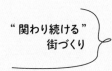

地域の課題を解決するまちづくり

# ASMACI

ASMACI神戸新長田

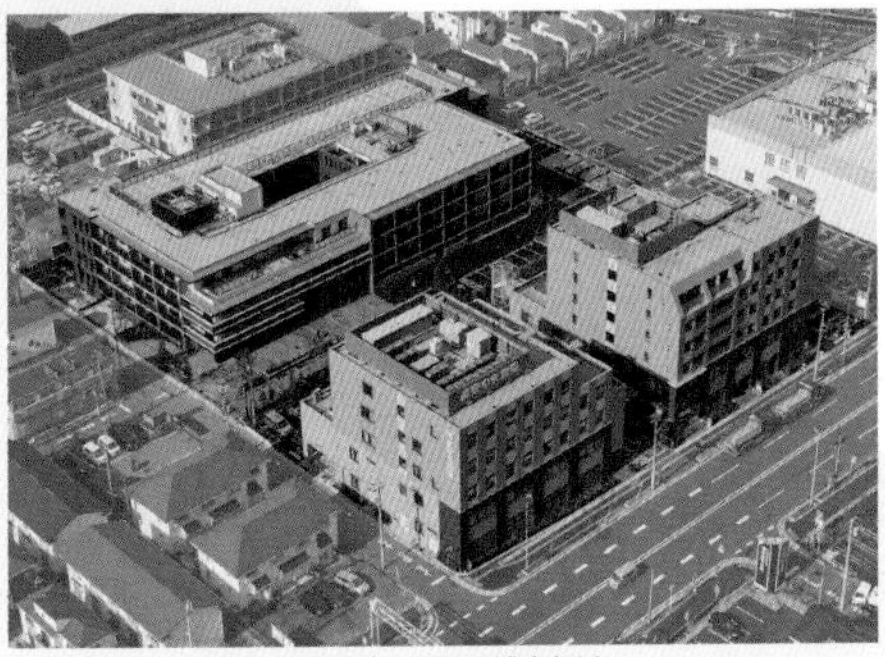
ASMACI浦安／浦安中央病院／LUMISIA浦安舞浜

ASMACI藤沢

ASMACI浦安富岡

ASMACI 浦安

部開発事業部医療介護コンサルタント課の若江暁久課長は、「ASMACIでは地域の方々が求めている機能を備えた開発を行うことで、その地域全体の価値が向上するような事業を目指しています。また、当社も施設の一部を保有することで、完成したら終わりではなく、関わり続ける開発を行っていきたい」と話す。

進行中のプロジェクトを含めてこれまでに全国5カ所で「ASMACI」ブランドの事業を展開しており、可能な限り関わり続けながら、地域に賑わいや安心感をもたらす複合開発を進めている。例えば神奈川県藤沢市では、公立保育園の建替えに伴うPFI事業に参画し、「ASMACI藤沢」として、小児科や調剤薬局、フィットネスなどの機能を備えた建物を整備している。また、兵庫県神戸市の「ASMACI神戸新長田」は、特定医療法人 一輝会が運営する荻原記念病院の建替えに伴い、病院と分譲マンションが一体となった建物を完成させている。病院と連携しながら、居住者の健康づくりをサポートするサービスなどに関わっていく計画だ。「居住者や地域の方々の健康づくりに弊社も積極的に関わっていくことで、そこで蓄積したノウハウを他のプロジェクトにも活用できるようにしていきたい」（街づくり事業本部開発事業部都市開発二課 伍々将人主任）。

駅からの距離などの立地特性だけではなく、地域が求めている機能を実装することで賑わいを演出する開発を推進しようというミサワホーム。同社の取り組みに、住民にとって魅力的な、持続可能なまちづくりを行うヒントが隠されているのかもしれない。

INFORMATION

ミサワホーム株式会社

https://www.misawa.co.jp/

脱炭素社会の実現が世界的な課題になるなかで、「健康・快適」と「省エネ」を実現するために、我々は日々の暮らしでどのようにふるまえばいいのだろうか。LIXILでは2018年から環境課題を住まいの面から一緒に考える活動「Think Heat」に取り組む。同社Housing Technology サステナビリティ企画推進部の芦田亜紀主幹と船橋靖史主査に、同社の取り組みの狙いなどを聞いた。

# 住宅関連企業だからできるミライをつくる共感の輪づくり

Think Heat
地球の気候変動には、
へらす、
そなえる、
未来につなぐ。

LIXIL Housing Technology
サステナビリティ企画推進部
コミュニケーションG　主幹
**芦田 亜紀 氏**

LIXIL Housing Technology
サステナビリティ企画推進部
コミュニケーションG 主査
**船橋 靖史 氏**

## 2050年までに$CO_2$排出ゼロを目指す

**芦田**　LIXILでは、2050年までに事業プロセスと製品・サービスを通じて、$CO_2$の排出を実質ゼロにし、水の恩恵と限りある資源を次世代につなぐ〝LIXIL環境ビジョン2050〟を策定しています。この実現のために、「気候変動の緩和と適応」、「水の持続可能性の追求」、「資源の循環利用の促進」という3つの重点領域を定めています。

「Think Heat」は、「気候変動の緩和と適応」を多くの人に知っていただき、住まいでできる行動につなげるための活動です。温室効果ガスの排出量を減らす〝緩和策〟だけでなく、気候変動の影響に備える〝適応策〟についてもお伝えし、これらを両輪で進めていくことが必要と考えています。

世界では、気候変動の影響の極めて高いリスクを抱える33の国々に、世界の子供たちの約半数にあたる10億人の子供たちが暮らしているというデータがあります（日本ユニセフ協会HPより）。

日本でも異常気象による猛暑日や自然災害が増加しており、決して遠い世界の話ではありません。「Think Heat」では、LIXILのパートナーのみなさまや、自治体、子供たち、そして従業員が参加できるプロジェクトを通じて、将来世代といま影響を受けている人たちを守るために何ができるかを一緒に考えていきます。

みんなのECOを、子どもたちのSMILEに。
窓からECOシェア プロジェクト
お客さまが断熱窓などの
対象商品を購入
CO2
CO2
削減
地球温暖化の
原因である
CO2の排出を
減らす
保育所・幼稚園に
外付日よけを寄付
室内熱中症
から
子どもたちを
守る!

業界初の事業活動を通じた「緩和」と「適応」の持続可能な活動モデルを構築

## 子ども達の室内熱中症対策への取り組み

**船橋**　断熱窓の売り上げの一部で室内熱中症から子どもを守る「窓からECOシェアプロジェクト」を実施しています。これは、パートナーのみなさまとともに、対象となる地域で断熱窓などを購入いただくと、地

今の暮らしのなかで続けられる工夫こそが、この先に大きな力を発揮します（芦田）

域内の保育所や幼稚園に外付日よけを寄付するというものです。子ども達を室内熱中症から守るだけでなく、より快適に暮らすための工夫を知ってもらおうというのが狙いです。外付日よけを設置した施設の子ども達や先生達の多くが体感温度の変化に驚かれます。それだけ、住まいで快適に暮らすための方法が知られていないということだと思います。

　このプロジェクトに参加された自治体からは、他の施設にも外付日よけを設置したいなどの声もいただいており、〝適応策〟の輪が広がりつつあります。我々のような住宅関連の事業に携わる企業が、健康・快適と省エネを両立する暮らし方に関する情報を積極的に発信していくことが重要だと考えています。

　2019年に九州エリアからスタートしたこの活動は、北関東・甲信越、関東、関西、中国ブロックまで拡大し、累計で270社のパートナーさまが参加、2022年は15の自治体の施設に外付日よけを寄付することができました。断熱窓の購入により、6533トンの$CO_2$削減に貢献しています。

「窓からECOシェアプロジェクト」の一環として、外付日よけ「スタイルシェード」贈呈した八王子市立子安保育園いずみの森分園

## 出前授業で省エネかつ快適に暮らす住まいの工夫を伝授

**芦田**　未来を担う子どもたちと住まい方について考える小学校への出前授業にも注力しています。オリジナル教材を作成し、当社従業員が講師となり、家の模型を使用した実験や体感などをもとに、自然の力を生かした工夫を理解し、快適に住まい続けるための「健康」と「環境」という新たな視点で、自分にできることを考える授業です。

　2018年7月から活動をスタートさせ、2023年2月末現在、71校・約4250名の子ども達に授業を行いました。販売店などのパートナー企業の方々もいっしょに授業を実施することもあり、より地域とのつながりを深めることができます。

2023年2月末現在で69校・4250名の児童を対象に出前事業を実施している

## キーワードは〝緩和〟と〝適応〟。未来につながる住まいや暮らしを知ってもらう（船橋）

　従業員にとっても、子ども達の反応などを目の当たりにすることで、自分が手掛けている仕事の社会的な意義を再認識することがにつながっています。

　小学校高学年の家庭科では、暑い季節や寒い季節の快適な住まい方を習います。家庭科で習う衣食住のうち、「住」だけは実習ができませんので、この出前授業を活用していただいています。例えばカーテンを閉めるだけでも断熱効果を得られるといったことや、今住んでいる家での効率的な通風の取り方など、工夫次第で快適に暮らせることに気づいてもらうようにしています。

**船橋**　これまでの活動が評価され、環境省が実施する「気候変動アクション環境大臣表彰」において、令和4年度普及・促進部門緩和・適応分野で「窓からECOシェアプロジェクト」が気候変動アクション環境大臣表彰を受賞しました。当社では、令和2年度に同表彰の普及・促進部門において「Ｔｈｉｎｋ Ｈｅａｔ」が環境大臣表彰を受賞し、令和3年度には「クール de ピースプロジェクト」で大賞を受賞しており、3年連続の表彰になります。

**芦田**　気候変動の影響には国境がなく、$CO_2$の排出量が少ない国や子どもたちがその影響を受けてしまっています。私たちの活動を通じて、気候変動の緩和と適応に向けた社会課題の解決に貢献していきたいと考えています。

INFORMATION

**株式会社LIXIL**
https://www.lixil.co.jp/
https://www.lixil.co.jp/minnadesmileecopj/thinkheat/

# 女性が活躍できる「働く場」と「暮らしの場」を創る

子ども目線、子ども基準の家づくり

子ども目線、子ども基準の家づくりに取り組むLIXIL住宅研究所。女性が活躍できる「働く場」と「暮らしの場」の創造を通して、ジェンダーレス社会の実現に向けて、住宅業界ができることを形にしようとしている。

アイフルホーム、フィアスホーム、GLホームの3つの住宅フランチャイズチェーンを運営するLIXIL住宅研究所。同社では、「製品・サービスを通じた脱炭素社会の実現への貢献」、「レジリエンス機能などを備えた住宅の提供による持続可能な社会の推進」、「家庭内事故を抑制し安心・安全な社会の実現」などを目指している。

また、アイフルホームを中心として、子ども目線、子ども基準の家づくりにも注力。アイフルホームでは、2008年から「こどもにやさしいはみんなにやさしい」をスローガンに掲げ、子どもから高齢者・障がい者など、すべての人に住みやすい住宅を提供するために、子ども目線・子ども基準で考える「キッズデザイン」の家づくりを進めている。加えて業界に先立ち社内シンクタンク「キッズデザイン研究所」も創設している。

同社の考えるキッズデザインは、事故を減らし怪我を防ぐ「キッズセーフティ」、つながりを育む「絆設計」、家事負担を家族みんなでシェアし、家事を楽しむ「家事デザイン」、子が育つ暮らしを実現する「子育ち提案」という4つのコンセプトを中心に構成されている。

例えば、未就学児がいる共働き世帯のために開発した「FAVO for KIDS #育てやすい。暮らしやすい。」という住宅では、主寝室・水回りなどを1階に設けることで、子どもが小さいときは1階のみで生活できるような間取りを提案している。

そのほかにも、子どものおもちゃを片付けやすくするためのリビングのTV裏収納や、「着替える→荷物をとる→家を出る」というおでかけ前の行動をスムーズにする「コックピット収納」をリビングに設置するなど、独自の提案を盛り込んでいる。

そして、こうした提案を形にする上で大切にしているのが女性の目線だという。

アイフルホームの商品開発チーム

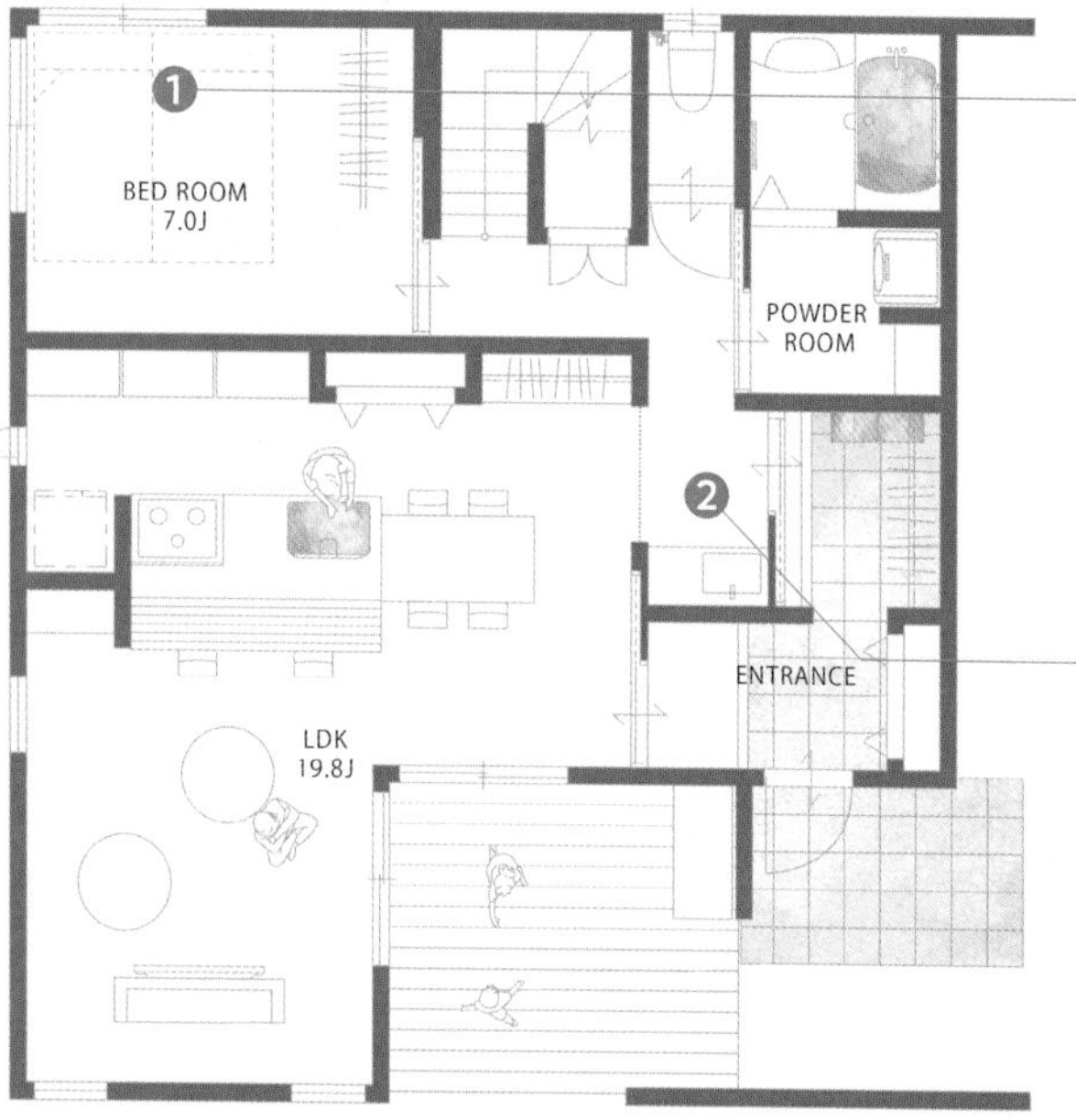


ママアンバサダーの声を元に開発した商品「FAVO for KIDS」と主な子育て提案

## ❶ 寝室含め1階だけで生活が完結できる

寝室は、子どもが小さい時は家族全員で寝ることを想定し、ベッドを二つ並べておける広さを確保。子どもが大きくなったら夫婦の寝室に。将来は夫婦二人で1階だけで生活できる間取り提案

## ❷ 普段過ごす場所と水回りが近い

洗面所がLDKに近く、食事中に汚した子どものものや汚れた手をすぐに洗うことができる。小さい子どもはトイレの回数が多いのでLDKからほどよい近さにあると便利

## 開発チームの8割以上が女性
## ママアンバサダーによる検証も実施

アイフルホームの商品開発チームには多くの女性が在籍している。8割以上が女性で、子育て中のメンバーも多い。日常のなかで感じる気づきや実際の生活に基づく視点を新たな住宅へと反映できる体制を構築しているのだ。

社内で子育て中の社員の意見も大切なリソースとして活用しており、男女問わずに定期的な座談会やヒアリングを行っている。こうした場を通して、開発中の商品の検証と改善を行っている。

女性目線の配慮を盛り込んだアイフルホームの「FAVO」

子育て中の社員が力を最大限に発揮できる働く環境も整備。自由度の高い働き方ができるスーパーフレックス制度を導入し、在宅ワークや時間有休取得制度も導入している。同社によると、「徹底して子ども目線での住宅を提供するうえで、働く女性の知見を活用することは不可欠。だからこそ、誰もが働きやすい環境を整えることが、当社の強みを伸ばしていくことになる」としている。

社外の〝ママ目線〟を活用する仕組みも構築している。子育て中の女性をアイフルホーム専属の「ママアンバサダー」として組織化し、定期的なWebアンケートや座談会などを実施しているのだ。ママアンバサダー達の困りごとや意見を抽出しながら、開発中の商品のブラッシュアップなどを行っている。

実は前出の「FAVO for KIDS #育てやすい。暮らしやすい。」は、ママアンバサダーの声を基に開発した住宅。

ママアンバサダーのアンケートや意見などに加え、子育て中の社員が自分の子どもたちと一緒にモデルハウスに足を運び、実際に体感しながら、子育てしやすさの検証を行うなど、ママ目線を商品開発に活かす取り組みも行っている。検証の結果などはお客様への提案方法にまで落とし込む活動も実施、営業担当者も子育て世帯に寄り添いながら提案が行えるよう配慮している。

LIXIL住宅研究所では、アイフルホームの取り組みを他の2つのブランドでも応用することも検討している。また、アイフルホームを中心とした活動は社外で高い評価を得ており、数々の賞を受賞。2023年の「国際女性デー表彰式ＩHAPPY WOMAN AWARD for SDGs」では、企業部門表彰で女性応援ブランド賞を受賞している。

女性が活躍できる「働く場」から生まれた、女性の活躍を支える「暮らしの場」となる住宅。LIXIL住宅研究所は、こうした考えを形にした住宅を世の中に送り出しており、社内外のリアルな声にスポットライトを当てながら、ジェンダーレス社会を応援しようとしている。

子育て中の社員とその子どもたちにモデルハウスなども体感してもらいながら、より現実の暮らしに則した住宅提案を実践

INFORMATION
株式会社LIXIL住宅研究所
https://www.lixil-jk.co.jp/

良質な住宅ストックを次世代につなぐ

# 考えよう!! 日本の住宅税制

ＳＤＧｓの推進や脱炭素社会の実現に向けて、良質な住宅ストックの形成が重要な社会課題となっている。しかし、住宅ストックの多くは省エネ・耐震等の性能が不十分であり、建替え等による性能向上が必要だ。国民が健康で豊かな住生活を享受できる持続可能な社会を構築し、良質な住宅ストックを次世代へと引き継いでいくためには、建替えやリフォームによる性能向上が求められている。ところが、現状の建替え・リフォーム時の消費税をはじめとする税負担は大きく、また、今後も負担増が見込まれる。

## 住宅ストックの現状（断熱性能）

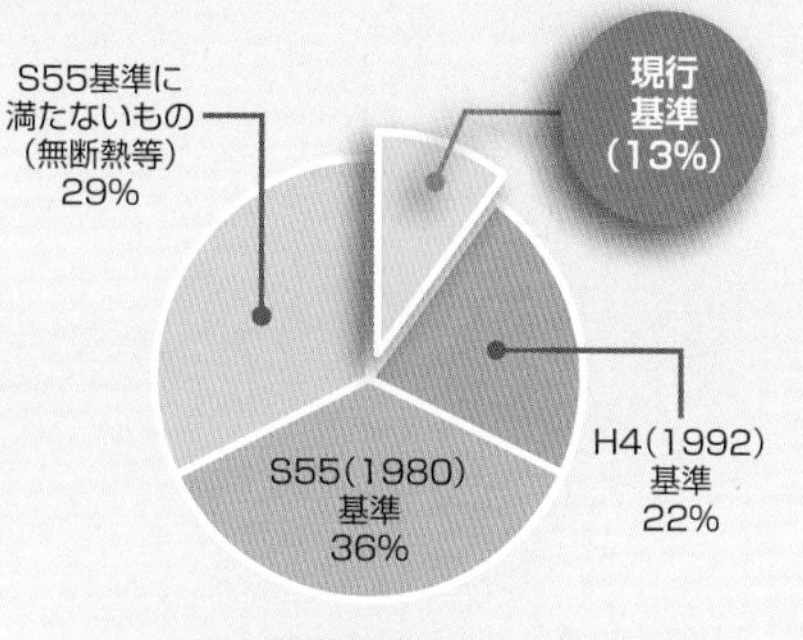


出典：国土交通省 令和4年 社会資本整備審議会
第46回建築分科会資料

人が居住している住宅ストックのうち、断熱性能が現行基準を満たしているのは僅か13%です。脱炭素社会の実現に向けて、ZEH（ネット・ゼロ・エネルギー・ハウス）などを普及していくことが求められていることを考えると、建替えやリフォームによって住宅の性能を高めていくことが大事になっています。

## 住宅生産団体連合会（住団連）について

住宅の生産供給に係る課題の解決を図るために、構造・工法の枠を超えて会員団体間の調整及び取りまとめを行うとともに、住宅・住環境・住生活・住宅産業に関する調査・研究を行い、住宅産業の経済的・社会的・技術的向上と健全な発展を図り、もって国民の住生活の向上と公共の福祉の増進に寄与することを目的に活動を展開しています。

**正会員・団体会員**

（順不同）

（一社）プレハブ建築協会
（一社）日本ツーバイフォー建築協会
（一財）住宅生産振興財団
（一社）全国住宅産業協会
（一社）日本木造住宅産業協会
（一社）リビングアメニティ協会
（一社）新都市ハウジング協会
（一社）輸入住宅産業協会
（一社）JBN・全国工務店協会

**企業会員**

旭化成ホームズ株式会社
住友林業株式会社
積水化学工業株式会社
積水ハウス株式会社
大和ハウス工業株式会社
トヨタホーム株式会社
パナソニック ホームズ株式会社
ミサワホーム株式会社
三井ホーム株式会社

大野建設株式会社
サンヨーホームズ株式会社
株式会社スウェーデンハウス
株式会社竹中工務店
TOTO 株式会社
株式会社日神グループホールディングス
株式会社日本ハウスホールディングス
三菱地所ホーム株式会社
株式会社 LIXIL
リンナイ株式会社
YKK AP 株式会社

詳しくは住団連ホームページをご覧ください。
https://www.judanren.or.jp/

**皆様の住宅税制に関するご意見をお聞かせください。**
こちらから
アンケートページへ
お進みください。

日本の住宅ストックは量的には充足していると言われているが、質の部分ではどうなのだろうか――。

２０１８年時点で人が居住している住宅ストックの総数は約５３６０万戸。このうち、国が定めているバリアフリーと省エネの基準をいずれも満たしている住宅は、わずか約２３０万戸、４％にすぎない。また、住宅ストックのうち現行の断熱基準を満たすものは13％にとどまる。

だからこそ、建替えやリフォームなどによって、住宅ストックをより良質なものへと再生していくことが重要な社会課題になっているのだ。

## ３０００万円の住宅の取得にかかる税金は約３３０万円

住宅ストックの計画的な再生を妨げている要因のひとつが、住宅税制にあるという指摘がある。日本では、住宅を新たに取得しようとすると多くの税金がかかる。結果として、なかなか住宅ストックの更新が進まないからだ。

例えば３０００万円の住宅の取得時にかかる税金は約３３０万円にもなるという。加えて、取得後も固定資産税などが毎年課税される。

住宅に関する税負担をより厳しくしているのが消費税だ。住宅は購入金額が高いだけに、他の耐久性消費財以上に消費税率の引き上げの影響を受ける。

さらに言うと、同じ３０００万円の住宅を取得しても消費税率３％の時に住宅取得した人の税額は90万円だが、10％時に購入した人は３００万円の消費税が課税されることになる。つまり、住宅の取得時期によって税負担額が変わるために、不公平が生じているのだ。

一方で住宅を長く、大切に使うことで、良質な住宅ストックを次世代に引き継ぐ社会を実現していく中で、購入時に消費税を一括して負担することを疑問視する声もある。加えて、住宅を軽減税率の対象にすべきという見方も強まっている。

そのほかにも、不動産取得税や登録免許税、印紙税などの流通課税、さらには固定資産税などについても議論すべき点がある。

（一社）住宅生産団体連合会では、こうした課題を解消するために、中長期的な住宅税制のあり方の方向性を示す「住宅税制の抜本的見直しに向けた提言」をとりまとめた。また、提言の内容をより分かりやすく紹介する「考えよう！日本の住宅税制」という冊子（無償配布中）も作成している。

持続可能な暮らしを支える住宅。その住宅をより良いものに再生し、次世代への安心・安全、そしてカーボンニュートラルな暮らしをつないでいく。そのためにも、住宅税制について、あらためて再考する時が来ている。

**提言の内容をまとめた冊子をWebで公開中です。ぜひ、ご覧ください。**

良質な住宅ストックを形成するためにも、建て替え等による性能向上が求められ、住宅価格が上昇している上に消費税などの税負担もあります。ところで、マイホームの取得・保有にどのくらいの税金がかかるか知ってる？

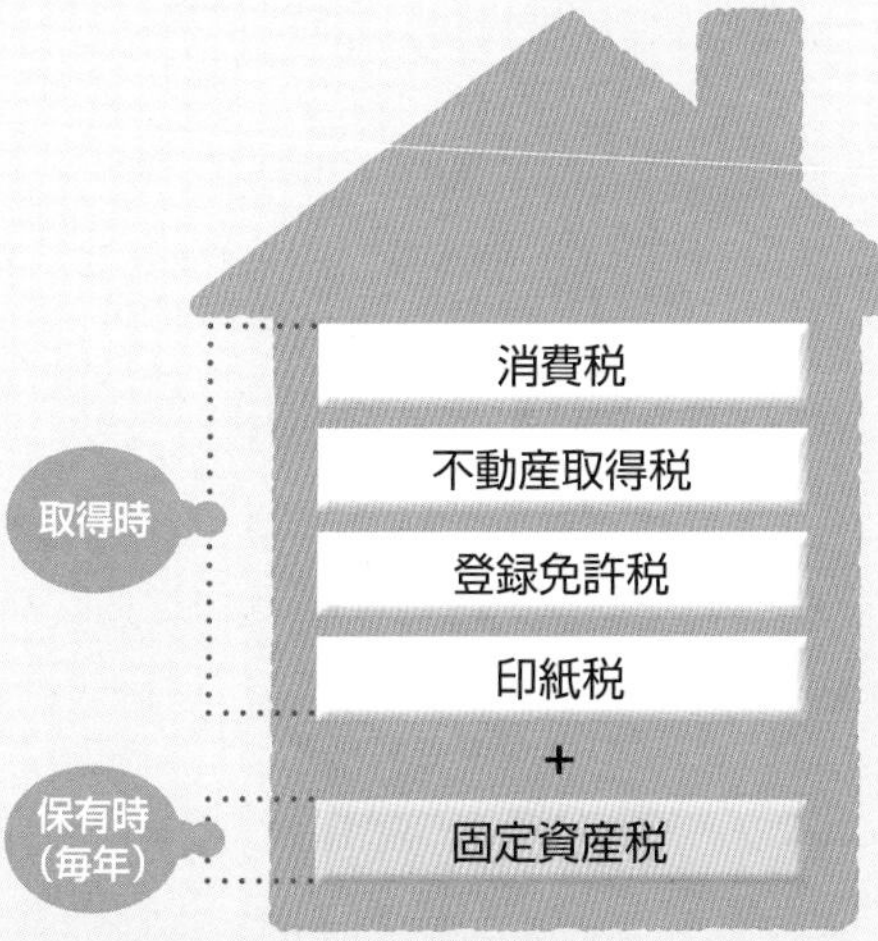

住宅を取得するのにこんなにたくさんの税金を支払っているのね。さらに、所有者には毎年固定資産税が課税されるのね…。

| 例えば、3,000万円の住宅の取得時にかかる税金は… | 約 **330** 万円 |
|---|---|
| 消費税（10%の場合） | 3,000,000円 |
| 不動産取得税 | 225,000円 |
| 所有権保存登記　登録免許税 | 18,500円 |
| 抵当権設定登記　登録免許税 | 28,000円 |
| 建築請負契約時の印紙税 | 10,000円 |
| 住宅ローン契約時の印紙税 | 20,000円 |
| 合計 | 3,301,500円 |

■シミュレーション条件　木造2階建て・延べ床面積130㎡の建物、請負金額3,300万円(税込)
住宅ローン借入2,800万円、2020(R2)年中の契約引渡

・固定資産税評価額を 1,950 万円、新築建物価格認定基準表に基づく価格を 1,235 万円に設定して試算しています。
・不動産取得税、登録免許税（所有権保存登記、抵当権設定登記）、印紙税は軽減措置適用後の税額です。
（固定資産税評価額は取得価格の約 60%、新築建物価格認定基準表に基づく価格は東京法務局管内木造居宅 95,000 円 /㎡に設定）

※住宅取得・保有時の他に譲渡・相続・贈与に係る課税もあります。
※原則として市街化区域内の土地・家屋には都市計画税も課税されます。


一般社団法人 住宅生産団体連合会
「住宅税制の抜本的見直しに向けた提言」普及・推進ワーキンググループ

**Housing Tribune** 別冊

# ミライのくらし読本

Housing Tribune 別冊
**ミライのくらし読本**
**住まいからはじめるSDGs**

2023年3月28日発行

制作　中山　紀文
　　　湯澤　貴志
　　　絵鳩　絢子
　　　村田　茂雄
デザイン　臼田　亜美
　　　木田　桃子

発行　株式会社　創樹社
〒113-0034
東京都文京区湯島1-1-2　ATMビル
☎03-6273-1175　FAX 03-6273-1176
https://www.sohjusha.co.jp

書店販売　株式会社 ランドハウス ビレッジ
〒215-0003
神奈川県川崎市麻生区高石3-24-6
☎044-959-2012　FAX 044-281-0276

印刷　勝美印刷株式会社

表紙・本文(14・15ページ)イラスト提供:マツ／PIXTA
本文(38ページ)イラスト提供:Kabu／PIXTA
本文(62ページ)イラスト提供:KID_A／PIXTA


定価　1650円（本体1500円+税10%）
ISBN978-4-88351-149-5 C2052 ¥1500E